五台山文化遗产档案丛书

五台山寺院壁画图汇

（上）

崔元和　编纂

山西出版传媒集团
三晋出版社

《五台山寺院壁画图汇》

图像学术梳理和文字撰写 崔元和

图像前期采集和后期处理 崔元和 段雷刚 张华军 周祥蕾

史 坤 樊 宁 苏海波 焦谨奇

图像采集处理协调调度 崔元和 王耀斌 张 熔

目　录

宋（960—1279）

金（1115—1234）

元（1260—1368）

明（1368—1644）

五台山寺院壁画遗产综述

五台山寺院壁画遗产综述

崔元和

佛教东渐中土，是以佛、法、僧“三宝”为一体同时传入的。“三宝”中的“佛”，主要是指佛、菩萨等为题材内容的雕塑、绘画，或统称“佛像”。在印度佛教造像形成的早期，则主要表现为释迦牟尼佛足印、收藏有释迦牟尼舍利子的舍利塔等。这是佛教庄严寺窟、感化信众以及修持念想的具体形象，具有感染力强、受众面广和进入门槛较低等特点，故佛教亦被称作“像教”。“三宝”中的“法”，主要指由经、律、论等构成的“三藏”，这是佛教思想内容的核心、基石和精华。佛祖入灭之后，由其弟子结集和阐述，主要载体为文字。“三宝”中的“僧”，是指剃度出家的僧尼，其主要功德有二，一是自己进入空门，专事修持悟道；二是作为信仰大乘佛教之僧尼，还承担着向广大民众弘法传教之责任义务。《怡山礼佛发愿文略释》卷一：“谓佛、法、僧三宝，住持世间，有大利益故。佛则范金合土，纸素丹青；法则黄卷赤牍，三藏灵文；僧则剃发染衣，绍隆佛化。又，佛为无上医王，法是众生良药，僧乃看病之人。”但在“佛像”与“佛法”之间，“法”为实体、恒常、依据和归依，“像”则属权应、显现、方便和导引，即“法”为体，“像”为用。《释教部汇考》卷一：“诸佛法身有二种义，一者真实，二者权应。真实身，谓至极之体，妙绝拘累，不得以方处期，不可以形量限，有感斯应，体常湛然。权应身者，谓和光六道，同尘万类，生灭随时，修短应物，形由感生，体非实有。权形虽谢，真体不迁，但时无妙感，故莫得常见耳。明佛生非实生，灭非实灭也。”

壁画是佛教“像教”的主要载体和手段之一。中原地区佛教壁画，最早见于东汉，至晋已盛。《魏书》卷一百一十四《释老志》：“自洛中构白马寺，盛饰佛图，画迹甚妙，为四方式。凡宫塔制度，犹依天竺旧状而重构之，从一级至三、五、七、九。世人相承，谓之‘浮图’，或云‘佛图’。晋世，洛中佛图有四十二所矣。”《历代法宝记》：“即时洛阳城西雍门外起佛寺，其壁画朝廷千乘万骑绕骑十三匝。又于南宫清凉台及开阳城门上作佛形像。明帝在时，知命无常，先造寿陵，陵曰‘显节’，亦于其上作佛图像。”魏晋南北朝之际，佛教壁画已甚为普及，涌现出曹不兴、吴栋、卫协、张墨、戴逵、戴颙、顾恺之、陆探微、张僧繇等众多佛画名家。

隋、唐之际，佛教壁画大为发展，出现了展子虔、杨子华、田僧亮、杨契丹、曹伯仁、郑法士、孙尚子、尉迟跋质那、尉迟乙僧、陈善见、蔡生、郑法轮、吴道子、阎立本、周昉等一批佛画名家。《西方净土变》《维摩经变》《法华经变》《华严经变》《药师佛经变》《地狱经变》《弥勒经变》《本行经变》《降魔经变》及诸佛菩萨、天王护法尊像等，成为这一时期佛教寺窟壁画的主要题材。仅吴道子一人，即为三百余处佛教寺院殿宇绘制过壁画。五代十国之际，虽多战乱割据，但仍有王道求、杜龅龟、陶宗立等佛画名人出现。

宋、辽、金之际，史载佛画名家，北宋为最，高益、王蔼、李象坤、黄筌、夏侯延祐、李用及、武宗元、王道真等众多高手，使佛教绘画及壁画创作再现高峰。顺应宋代商业社会和世俗社会之发展，宋代壁画在表现佛教题材的同时，加入了许多现实和世俗的内容，都市、店肆、城池、乡村、官员、商贾、农夫、牧人、渔翁等，常被绘作佛教人物故事、活动展开的背景。辽、金及南宋之际，盛行于隋、唐的各种《经变》内容在壁画创作中明显减少，所绘除佛、菩萨尊像等传统题材外，诸天、罗汉、金刚、水陆画等内容明显增多。由于文人写意画及山水画成为社会追捧的创作主流，以佛教人物故事为描绘内容和着重于写实的壁画创作，已逐渐被挤出文人和官方所主导的艺术主流之外，壁画作者被降格呼为“画工”“画匠”。所以，此期及此后寺观壁画绘制虽仍盛行不衰，但文人参与的壁画创作大减，史册所记寺观壁画创作、制作画家名人亦明显减少。

中国现存佛教壁画，大多为元、明、清三代遗存，尤以明、清为多。此期壁画主要特点，除显密并存、汉梵融合外，儒教、道教、民间信仰以及通俗小说、戏剧、传说、故事等，亦成为寺院壁画描绘的对象，题材内容更为多元、丰富和复杂。

一、五台山历史上重要佛教壁画创作

（一）北朝

五台山佛教壁画起源于何时，现已不可确考。据五台山有关山志记载，该山大孚灵鹫寺等初创于东汉永平十一年（68），至北朝之际，已发展成为拥有寺院二百余座的佛教圣地。《古清凉传》卷上《古今胜迹》：“爰及北齐高氏，深弘象（像）教，宇内塔寺，将四十千。此中伽蓝，数过二百。又割八州之税，以供山众衣药之资焉。”

魏、晋、南北朝是一个佛教寺院壁画开始普及的时代，但北周建德三年（574），北周武帝宇文邕下令“灭法”，五台山佛教寺院殿宇尽毁。故其时五台山佛教寺院中如有壁画，亦应随此劫而湮灭。《古清凉传》卷上：“遭周武灭法，释典凌迟芳徽盛轨，湮沦殆尽。”

（二）隋、唐

隋、唐之际，五台山佛教进入全盛时期，最盛时台内、台外寺院曾达到三百六十余座之多，华严、天台、唯识、净土、律宗、禅宗、密宗等诸宗竞秀，印度、日本、斯里兰卡、尼泊尔、韩国等国僧人纷纷前来求法巡礼，五台山已发展成为国内外著名佛教圣地。然而，唐会昌五年（845），唐武宗李炎发动“灭法”，五台山绝大部分寺院毁于一旦，仅有偏于一隅的南禅寺得以幸存。唐大中二年（848），唐宣宗李忱再崇释教，五台山佛寺得以恢复重建，但由于木构建筑年深日久易于倒塌毁圮，加之地震、水火、兵燹等诸种灾变，唐大中年间以来五台山恢复重建的唐代佛教寺院，今仅存佛光寺东大殿一座，且该殿山墙及后墙亦经后世数次重砌，因此除佛光寺东大殿栱眼等处遗存数幅唐代壁画外，隋、唐及五代之际的五台山壁画仅可从有关文字记载中略窥一斑。

1.《五台山十寺血脉图》壁画及吴道子真迹

据史料记载，唐开元年间（713—742），释神英于五台山造吴摩子寺，曾邀请吴道子于寺内绘制五台山十寺血脉图。《广清凉传》卷中《神英和尚》《法华院》：“释神英……以唐开元四年（716）夏六月中旬到山，顶礼大圣，止华严正院。尝一日斋后，独游西林，忽睹精舍，额题‘法华之院’。神英直入巡礼俄见多宝佛塔，一座四门，玉石形像，细妙光莹，神工罕及。次后，有护国仁王楼五间，上有玉石文殊、普贤像，并及部从。前三门一十三间，里门两掖有行宫道场，亦有文殊、普贤、部从。三门外是《五台山十寺血脉图》。巡礼既毕，神英欲出院门，复见众僧，姿状神异，心疑化境。遂出东行，约三十步间，闻声，回首视之，略无所见。神英乃悲泣，久之，曰：‘此必大圣所化。我于此地，有大因缘。’即于化院之地，结庵而止，发大誓愿：我当为化院建置伽蓝。居之岁余，归依者众，遂募良匠营构，不酬工直（值），所须随缘。远自易州，千里求采玉石，制造尊像，砻琢精绝，巧妙入神，壁画多是吴道子之真迹。”绘于五代的敦煌莫高窟第六十一窟《五台山图》与上述《血脉图》应有一定的先后关系。

2.《佛陀波利于五台山遇见文殊圣化老人影图》

唐仪凤元年（676），北印度罽宾国僧人佛陀波利至五台山巡礼，在五台山思阳岭遇文殊圣化老人，嘱其返回印度取《佛顶尊胜陀罗尼经》译出流布中土，是中土佛教史上的重大事件之一。此经的译出和流传，不仅借助《佛顶尊胜陀罗尼经》灭罪度亡的殊胜功能，迅速扩大了密宗在中土的影响，提升了文殊师利在“众圣潜灵”之后拔救众生的影响及地位，而且对金代“文殊五尊”造像新题材的定型，起到了重要的推动作用。

唐仪凤年间佛陀波利于五台山遇文殊圣化老人故事，在唐代的五台山颇为流行，日僧圆仁在其所撰《入唐求法巡礼行记》卷三中记载了这一情景：“六日，早发……向西南行七里许，到思阳岭。昔仪凤元年，西天梵僧佛陀波利来到此处……今见建宝幢，幢上镌《佛顶陀罗尼》及序，便题波利遇老人之事。”卷二：“五月一日，天晴……行到竹林寺断中。斋后巡礼寺舍。有般若道场。曾有法照于此堂念佛，有敕谥为大悟和尚。迁化来二年，今造影安置堂里。又画佛陀波利仪凤元年来到台山见老人时之影。”

敦煌莫高窟第61窟有五代后汉天福十二年（947）所绘《五台山图》壁画一铺，上亦绘有佛陀波利于五台山遇文殊圣化老人故事，但比五台山竹林寺所绘题材画面晚一百一十年以上。圆仁所记五台山竹林寺的这幅画面，应是目前所见佛陀波利与文殊圣化老人相遇故事的最早画作，亦是“文殊五尊”形成的雏形图像底本。

3.《千辐轮相佛足图》及《唐使取图返东土事迹图》

千辐轮相为佛祖“三十二相”之一。东晋译六十卷《大方广佛华严经》卷三十二：“如来足下千辐轮中有妙光明，名普照王，于彼海王随形好处，悉放四十广大光明，一名清净功德，普照六十亿那由他佛刹微尘数世界，随众生境界，随种善根，随众生意，乃至普照阿鼻地狱，其中众生，命终皆生兜率天上。”唐译八十卷《大方广佛华严经》卷三：“尔时，世尊告宝手菩萨言：……佛子！菩萨足下千辐轮，名光明普照王。此有随好，名圆满王，常放四十种光明。中有一光，名清净功德，能照亿那由他佛刹微尘数世界，随诸众生、种种业行、种种欲乐、皆令成熟。阿鼻地狱、极苦众生，遇斯光者，皆悉命终生兜率天。既生天已，闻天鼓音而告之言：善哉善哉！诸天子！毗卢遮那菩萨入离垢三昧，汝当敬礼。”

五台山金阁寺在唐武宗“会昌灭法”前，即绘有佛祖双足之下的千辐轮图，以及唐使臣王玄策于贞观二十三年（649）于印度拓绘此佛足印并取而回中土的故事绘制。日僧圆仁《入唐求法巡礼行记》卷三：“……从竹林寺前向西南，逾一高岭，到保磨（应）镇国金阁寺……开金阁礼大圣文殊菩萨……壁檐椽柱无处不画……亦有画脚迹千辐轮相并画迹之根由云：贞观年中，太宗皇帝送袈裟使到天竺，见阿育王古寺石上有佛迹，长一尺八寸，阔六寸。打得佛迹来，今在京城，转画来此安置，云云。”

唐道世撰《法苑珠林》卷二十九：“又从南行百五十里度（渡）殑伽河至摩揭陀国，属中印度，城少人居，邑落极多。故城在王舍城山北东二百四十里比临殑伽河。故宫北，石柱高数丈，昔无忧王作地狱处，是频婆娑罗王之曾孙也，王即戒日之女婿也。所治城名华氏城，王宫多华，故因名焉。石柱南有大塔，即八万四千之塔一数也，安佛舍利一升。时有光瑞，则是无忧王造。近护罗汉役鬼神所营，其侧精舍中有大石，是佛欲涅槃，北趣拘尸，南顾摩揭。故蹈石上之双足迹，长尺八寸，广六寸。轮相华文，十指各异。近为恶王金耳毁坏佛迹，凿已还平，文采如故，乃捐殑伽河中，寻复本处。贞观二十三年（649）有使，图写迹来。”

五台山塔院寺释迦文佛真身舍利塔（大白塔）下面石窟中现遗存有明万历十年（1582）所刊“佛足灵相之碑”一通，上刻释迦牟尼双脚灵相图，佛双足掌心即刻有“千辐轮相”。据目前资料，塔院寺此灵相碑所刊佛足千辐轮相，应为五台山地区写取此图的第二本。圆仁所记“会昌法难”前金阁寺所绘“千辐轮相”，应为五台山地区写取此图的第一本。

此外，圆仁所见唐时金阁寺不仅绘有千辐轮相的佛足图案，而且绘有唐使臣于天竺取回此图的人物、情节、场景等故事，即“画迹之根由”，故十分珍贵。此图今已不传，甚憾。

4.《诸曼荼罗图》壁画

有唐一代，五台山是著名的密宗道场。早在唐高宗乾封年间，即有西域密教高僧释迦蜜多罗来到五台山，设坛行道。《古清凉传》卷下《游礼感通》：“西域梵僧释迦蜜多罗者，本狮子国人，少出家，本住摩伽陀国大菩提寺……麟德年中，来仪此土，云向清凉，礼拜文殊师利……以乾封二年六月登于台首……至台南五里，遂即停泊，乃令人作土坛，二层，高尺余，周方丈许，采拾名花，四周严饰。多罗日夜六时，绕坛行道。”

至唐代宗际，由于不空三藏等人的尊崇推行，以及皇帝、朝廷的大力扶持，五台山已经建成为名重一时的国家密教道场，由华严、清凉、玉华、法华、金阁五寺，为国常转“护国三经”。《代宗朝赠司空大辨正广智三藏和上表制集》卷二：“请台山五寺度人抽僧制一首。代州五台山金阁寺、玉花、清凉、花严、吴摩等寺。右特进试鸿胪卿大兴善寺三藏沙门大广智不空奏：……每寺相共满三七人，为国行道，有阙续填。金阁等五寺，常转《仁王护国》及《密严经》。又吴摩子寺名且非便，望改为大历法花之寺，常为国转《法花经》。”

“曼荼罗”为梵文音译，亦有“曼陀罗”等音译，汉语义译为“坛”“坛场”“道场”“轮圆具足”“聚集发生”等。曼荼罗的最初形成，是古印度密教于修法之地筑建圆形或方形垒台，并于台上制作或绘出诸佛、诸菩萨、诸护法等尊像，并请诸佛、菩萨、护法等保护修行之地的修持者不受众魔侵扰加害。后来，曼荼罗发展成为诸佛、诸菩萨聚集的世界，即“轮圆具足”的佛、菩萨世界，并且也是修行者消除诸种恶趣，证得无比无上智慧，方便快捷修成正果的道场。唐不空三藏《八大菩萨曼荼罗经》：“作八曼荼罗者云何建立，复依何法起无量福，令修行者速证菩提。尔时，如来赞宝藏月光菩萨言：善哉，善哉，善男子！能问如是甚深之义，而为利益无量、无边、有情与安乐故，及能净除三恶趣故，为证无比无上智故。汝今善听，若诸有情才闻此密言者，得长寿乐。善男子！有八曼荼罗，是八大菩萨甚深法要。依法律立此八曼荼罗一遍者，所有十恶五逆谤方等经悉销灭，一切所求义利胜愿悉得成就。”

密教曼荼罗有多种类别和形式，如五佛五智曼荼罗、药师曼荼罗、度母及观音曼荼罗、时轮金刚曼荼罗，以及梵文曼荼罗、塔曼荼罗等等。但大致而言，密教曼荼罗主要分作“大曼荼罗”“法曼荼罗”“羯摩曼荼罗”“三昧曼荼罗”四大类别。其中，大曼荼罗不仅绘制诸佛、菩萨形象，而且还要用黑、白、赤、青、黄五色，表示空、风、火、水、地五大，表示宇宙万相聚集之义；法曼荼罗，不绘制本尊诸佛形象，只绘制其佛梵文名称第一个字母，故亦称“种子曼荼罗”；羯摩曼荼罗，用具体的立体形象表示诸佛、诸菩萨聚会，有的直接雕塑佛、菩萨诸像，有的则用塔、城等建筑物象征，故亦称“立体曼荼罗”；三昧曼荼罗，亦不直接绘制诸佛、菩萨之形象，而只绘制诸佛、菩萨所持手印或所持法轮、兵器、珠宝等持物。

五台山唐代密宗国家道场建立后，曼荼罗图像在密教寺院中随处可见，仅圆仁《入唐求法巡礼行记》就记载有多处。《入唐求法巡礼行记》卷二：“行到竹林寺断中……有般若道场……华严院堂中，有金刚界曼荼罗一铺……”卷三：“入贞元戒律院。上楼……诸曼荼罗，彩画精妙……开金阁礼大圣文殊菩萨……阁九间，三层，高百余尺，壁檐椽柱无处不画。内外庄严，尽世珍异……粉壁内面画诸重曼荼罗，填色未了。是亦不空三藏为国所造。”

圆仁于唐开成五年（840）巡礼五台山，金阁寺所绘《诸重曼荼罗》，尚且“填色未了”，是其当年所见。金阁寺由创立唐代密宗的“开元三大士”之一不空三藏奏请唐代宗李豫敕建，时在永泰二年（766）五月。但八年之后，即大历九年（774）六月，金阁寺因欠工匠工钱，所绘曼荼罗等仍未完工，即圆仁所谓“填色未了”。大历九年六月，不空三藏制“遗书”一封，嘱其弟子奏请朝廷，拨帑竣工。《代宗朝赠司空大辨正广智三藏和上表制集》卷三《三藏和上遗书一首》：“……吾缘身衣并已舍尽，有金八十七两，银二百二十两半，并将施入五台山金阁、玉华两寺，装修功德……吾奏圣人造阁，下置文殊菩萨，上安汉梵之经，为国福田，永代供养。阁则大改（概）已成，作家欠钱，装饰未了……汝共大夫计会，善为闻奏，修崇了却。”然六十余年之后，圆仁巡礼五台山，此阁曼荼罗装饰仍未完工，故有“填色未了”之感慨。

5.《涅槃图》壁画

释迦牟尼成道后的第45年，即八十岁时，离开自己说法的王舍城，于二月十五日来到拘尸那迦城娑罗双树之间，卧七宝床，头向北，右手支脸，左手置于身上，双足合拢，右肋向下，面向西，侧身而卧，在作了最后的说法后，于午夜之时进入了大般涅槃境界。其时，释迦牟尼的十大弟子迦叶、阿难、舍利弗、目犍连、须菩提、迦旃延、富楼那、优婆离、阿尼律陀、罗睺罗，释迦牟尼生母摩耶夫人，以及大梵天、帝释天、毗沙门天、金毗罗神、密迹力士、忉利天王、兜率天王、化自在天王、火焰天王、双树神、四天王等侍卫周旁，莫不悲伤。

《涅槃图》为讲述释迦牟尼一生八个重要阶段或节点的故事之一，即“八相成道”之一。其余七相，为：降兜率、托胎、诞生、出家、降魔、成道、转轮。释迦入灭前，曾嘱咐弟子阿难：“已成者皆灭，不可放逸。要勤修我法，吾灭后以戒为师。”

唐“会昌法难”前，五台山大花（华）严寺曾绘有此“涅槃相”壁画，而且极为生动形象。圆仁《入唐求法巡礼行记》卷二：“……到大花严寺……入涅槃道场，礼拜涅槃相：于双林树下右肋而卧，一丈六尺之容，摩耶闷绝倒地之像，四王、八部、龙神及诸圣众，或举手悲哭之形，或闭目观念之貌，尽《经》所说之事，皆相为像也。次入般若院……兼画天台大师影，长供养……”此段记载中，“皆相为像也”一句，有多种版本，或作“皆捏为相也”，或作“皆相为相也”，或作“皆相为像也”等。其实，日文、中文原始版本中均为“皆为相也”，而只有日文等注释中才加一字，并云插入“捏”“模”等字皆可。圆仁这里所记“涅槃相”，似应为壁画，并与“兼画天台大师影”等图绘并列，故无须再插入一字，尤其是插入制作塑像等的“捏”字。

6. 高僧影作及影堂

高僧入寂，后人为纪念追思，图绘其生前形象、事迹之画作称为“影”；供置其“影”的堂室则称作“影堂”。《乐邦遗稿》所收明教大师《题远祖师影堂记》：“远公事迹，学者虽见，而鲜能尽之。使世不昭昭见先贤之德，亦后学之过也。予读《高僧传莲社录》及《九江新旧录》，最爱远公六事，谓可以劝，乃引而释之，列之其影堂，以示来者。”《宋高僧传》卷十八《陈新罗国玄光传》：“南岳祖构影堂，内图二十八人，光居一焉。”

日僧圆仁《入唐求法巡礼行记》曾记五台山所见影作数处，该书卷二：“……到大花严寺……次入般若院，礼拜文鉴座主一，天台宗，曾讲《止观》数遍。兼画天台大师影，长供养……更见大鞋和尚影：曾在此山修行，巡五台五十遍。于中台顶冬夏不下，经三年也。遂得大圣加被，著得大鞋。鞋高一尺，长一尺五寸，大一量廿五斤，小一量十斤。现着影前。和上曾作一万五千具衣帔，施与万五千僧，设七万五千供。今作影于高阁上安置供养……行到竹林寺断中。斋后巡礼寺舍。有般若道场。曾有法照于此堂念佛……今造影安置堂里。又画佛陀波利仪凤元年来到台山见老人时之影。”

7.《国家功德七十二贤圣》画像

“功”指施行善心、善事；“德”指因施行善心事、善事而得到的果报、回馈。《大乘义章》卷九：“言功德者，功谓功能，善有资润福利之功，故名为功。此功是其善行家德，名为功德。”《仁王经疏》卷上：“施物名功，归己曰德。”

五台山作为唐朝廷倾力打造的国家道场，不少名寺大寺在供奉诸佛、诸菩萨像同时，亦将国家功德七十二贤圣作为瞻礼崇敬之对象，其中既有三维立体塑像，亦有二维平面壁画、卷轴。《广清凉传》卷下：“释法兴……来礼圣迹，志乐林泉，隶名佛光，遂有终焉之志。四方供利，身不主持，修弥勒大阁……尊像庄严……七十二位圣贤、八大龙王、台山诸寺圣像，万有余尊，绘塑悉具，僧徒称赞。”《入唐求法巡礼行记》卷二：“入贞元戒律院。上楼，礼国家功德七十二贤圣、诸曼荼罗。彩画精妙。”“暮际，雷鸣雹雨。阁院铺严道场，供养七十二贤圣……堂中傍壁次第安列七十二贤圣画像……次奉请七十二贤圣，一一称名。每称名竟，皆唱‘唯愿慈悲，哀愍我等，降临道场，受我供养’之言，立礼七十二遍，方始下座。”

“国家功德七十二贤圣”，疑指唐代朝廷按国家功德标准选出的七十二位功德名人，但现无确考。唐贞观十七年（643），唐太宗李世民曾敕绘长孙无忌、李孝恭、杜如晦、魏征、房玄龄等二十四位国家功臣图像于凌烟阁置奉，供人瞻仰礼敬。五台山寺院唐代所置国家功德贤圣，是否从于国家社稷有大功德的僧、俗两界贤圣中选出，还须进一步考证。

8.《西方净土变》壁画

唐代西方净土信仰大为普及，《西方净土变》亦成为壁画之流行题材。白居易《画西方净土帧记》：“……此娑婆世界，微尘众生，无贤愚，无贵贱，无幼艾，有起心归佛者，举手合掌，必向西方。有怖厄苦恼者，开口发声，必念阿弥陀佛……命工人杜宗敬，按《阿弥陀》《无量寿》二经，画西方世界一部。高九尺，广丈有三尺，弥陀尊佛坐中央，观音、势至二大士侍左右，人天瞻仰，眷属围绕……”

五台山佛光寺东大殿栱眼壁遗存唐代所绘《西方净土变》壁画一幅，画面中的人物、情节几乎与白居易所述西方世界一致：画面中央绘阿弥陀佛说法，左、右绘观音、大势至二菩萨听法，观音、大势至周围，又有多身胁侍、护法簇拥。

9.《毗沙门天降魔护法图》壁画

五台山佛光寺东大殿中央佛坛释迦牟尼佛所坐须弥座后侧束腰处，遗存有唐代壁画一幅，题材为毗沙门天降魔。画面中，毗沙门天手执宝剑，脚下地神簇拥；毗沙门天右侧，则绘一力士擒一猿状怪物，及一半魔状人物，控御一龙状怪兽，向毗沙门天走来。此壁画疑为《送子天王图》之一部分，其所依粉本或画稿，可能与吴道子的《送子天王图》有关。

10.《卷草图》壁画

五台山佛光寺东大殿栱眼壁，还遗存有唐代《卷草图》两幅。色调以青绿为主，笔势行云流水，动感甚强，与敦煌莫高窟唐窟同题材壁画十分接近。

11.《五台山图》及其壁画

唐龙朔年间（661—663），唐西京会昌寺沙门会赜等，曾多次奉敕前往五台山检寻圣迹，查访古迹，拜谒高僧，绘制《五台山图》一卷，以及对此图予以记述说明的“小帧述略”一卷。《古清凉传》卷下《游礼感通》：“唐龙朔年中，频敕西京会昌寺沙门会赜，共内侍掌扇张行弘等，往清凉山检行圣迹……从南向北，凡是古迹，悉追寻存亡，名德皆亲顶礼。赜等既承国命，目睹佳祥，具已奏闻，深称圣旨。于是，清凉圣迹，益听京畿，文殊宝化，昭扬道路。使悠悠溺丧，识妙物之冥泓，蠢蠢迷津，悟大方之幽致者，国君之力也。非夫道契玄极，影响神交，何能降非常之巨唱，显难思之胜轨。千载之后，知圣后之所志焉。赜又以此山图为小帧述略传一卷，广行三辅云。”

有唐及五代，随着五台山文殊信仰的广泛传播，以及五台山文殊道场影响地位的日益提升，《五台山图》成为海内外僧尼信众广泛索取、崇奉的粉本或画稿。《旧唐书》卷十七《敬宗本纪》唐长庆四年（824）“九月……甲子，吐蕃遣使求《五台山图》。”日僧圆仁《入唐求法巡礼行记》卷三亦记印度、日本等国僧人，迎取五台山《灵化传》《化现图》：“南天竺三藏法达边写取五台山诸灵化碑等……头陀僧义圆，见雇博士自出帔袄子一领，画《五台山化现图》，拟付传日本。为待画毕，不得发去。”

会赜所绘《五台山图》，义圆所付传《五台山化现图》，均应是对五台山之地理山川、交通道路、寺院兰若、造像塔幢、僧侣僧众、圣迹化现等进行全面系统描绘乃至渲染的宏大画卷。如义圆托博士所绘《化现图》，绘制时间竟达八、九天。《入唐求法巡礼行记》卷三：“（七月）十八日……画《五台山化现图》……（七月）廿六日，画《化现图》毕。”

会赜所绘《五台山图》，日僧所求《化现图》等，今已不存。敦煌莫高窟六十一窟现存五代后汉天福十二年（947）所绘《五台山图》壁画一铺，于其中亦能窥见唐、五代之际同类题材图绘的内容及规模。此壁画大致可分上、中、下三部分：中间部分绘“南台之顶”“西台之顶”“北台之顶”“东台之顶”“中台之顶”等五座台顶及五台山地区的山川地貌，以及“大金阁之寺”“大贤之寺”“大王子之寺”“大清凉之寺”“大建安之寺”“大佛光之寺”“大华严之寺”“大法华之寺”等五台山“台内”“台外”所建众多寺院、兰若，“大圣文殊真身”等造像，以及佛陀波利两次至五台山与文殊圣化老人交谈等故事。上面部分，主要绘五台山的化现瑞相及诸种灵异，如“大圣文殊师利乘金狮子驾现祥云”“大圣毗沙门天赴普贤会”“化云菩萨一千二百二十”“大毒龙二百三十五”“婆竭龙王现”“雷电云中现”等。壁画最下面部分，则绘“河口南太原”“忻州定襄县”“五台县”等地，通往“河北道镇州”等地的交通道路及关隘、桥梁、地名，以及行走往返于五台山道路上的“送供天使”“送供使”等香客旅人等。此铺壁画场面宏大，内容繁复，气势磅礴，其中绘城池、寺院、殿宇、兰若、房舍等建筑约二百处，桥梁十余座，僧侣信众等人物四百余身，马、骆驼五十余匹，榜题二百条左右。

五代之际，敦煌一带的僧人参拜五台山途中，于太原绘制《五台山图》，然后带回出发地的风气仍甚为流行。《敦煌地理文书汇辑校注》，收有《往五台山行记》残文，其中即记五代后唐长兴二年（931）之后，有沙州僧人至五台山求法巡礼，并于途中在太原城内画《五台山图》一事：“二十四日卯时发行三十里，南桥受供养。又行十里，到太原城内，大安寺内常住库安下。二十五日，前衙参太傅。二月二十八日，下手画《五台山图》。二十九日，长画至终。”此记亦说明敦煌等地现存《五台山图》类壁画，其画稿、粉本基本上源于五台山或至五台山常须经停之地太原。唐代《五台山图》《五台山化现图》虽已失传，但其题材、内容乃至格局、场面等，或与敦煌莫高窟第六十一窟所绘《五台山图》大致相同，至少有颇多关联。

作为《五台山图》描述对象及发源地的五台山地区，在唐、五代之际是否绘有《五台山图》一类壁画，因“会昌灭法”、殿宇墙垣圮塌等原因，已无法确考，但《广清凉传》卷中《神英和尚入化法华院》等所载，唐开元年间五台山法华寺三门外所绘《五台山十寺血脉图》，或应与唐、五代盛行于海内外的《五台山图》《五台山化现图》在题材、内容上有某种联系乃至重叠。

（三）宋、金、元

宋、金、元之际，五台山依然保持旺盛香火。北宋太宗赵光义、真宗赵恒、仁宗赵祯等宋朝诸帝，均对五台山佛教大力扶持。《广清凉传》卷中：“圣宋太宗皇帝践位，神武天资，克平伪主，重恢宇宙，再造生灵，故得像教弥隆，灵峰更弊。初，遣中使诣五台山焚香虔祝，特加修建……真宗皇帝御宇，景德四年（1007），特赐内库钱一万贯，再加修葺，并建大阁一座，两层十三间……赐额名‘奉真之阁’……自是，层楼广殿，飞阁长廊，云日相辉，金碧交映，庄严崇奉，邈超前代矣。”“仁宗皇帝缵祖考之丕业，典儒释之大教，屡遣中使，斋供诣山……先是，庆历至皇祐三年，朝廷三次遣使，颁降太宗、真宗、仁宗皇帝三朝御书，凡一百八十轴，并天竺字源七册……重建大阁一座，两层，凡一十三楹，于上层置斗宫分布，中楹安卢舍那佛像，四周造万圣像。雕刻彩绘，备极工巧。”宋时，有明确记载的寺院亦有七十余座。

金代太宗完颜晟、熙宗完颜亶、海陵王完颜亮、世宗完颜雍等，亦对五台山佛教有所扶持。金天会十五年（1137）重建佛光寺文殊殿，金世宗在位之际又敕建万岁、平章、净名等寺。

元世祖忽必烈、成宗铁穆耳、武宗海山、英宗硕德八剌等帝，亦在五台山大兴土木，兴建皇家和国家道场。《元史》卷十二《世祖》：“平滦造船，五台山造寺伐木，及南城新建寺，凡役四万人。”卷十八《成宗》：元贞元年“四月丙午，为皇太后建寺于五台山……”卷二十二《武宗》：至大元年“二月癸巳……立皇太子卫率府，发军千五百人，修五台山佛寺……”十一月“癸未，皇太后造寺五台山，摘军六千五百人供其役”。

由于战乱烽火、殿宇倒塌及寺院重建等原因，五台山地区宋、金、元三代大部分寺院壁画亦毁而不存，故只能凭一些文字记载或少数遗存，对五台山这一时期的佛教寺院壁画作简要描述。

1.《千佛图》壁画

五台山宋代壁画绝大部分今已湮没无存，仅有佛光寺东大殿栱眼壁画中，遗留有宋代《千佛图》壁画两幅。此栱眼壁画，每幅绘八圆光，每圆光中各绘佛十身，或作说法印，或作与愿印，或作合十印，皆绘双眉、短须，微侧身躯而结跏趺坐，袈裟敷搭，身材稍显清秀，螺发低平，于额前双分，额顶嵌髻珠，画面以青绿为主调。其中一幅使用战掣笔法，宋画特征较为明显。此壁画末墨书纪年：“……（宣）和四年五月……”等字样仍依稀可辨。

2.《水陆》壁画

繁峙县岩山寺为五台山“台外”寺院之一。该寺正殿原有金代宫廷画师王逵所绘《水陆画》一堂，惜此殿已毁于清代，殿内壁画亦随之损毁无存。此寺遗存《绘水路殿壁画碑记》碑阳刻文：“……伏以象（像）法教通，水陆未兴，梁武梦僧志公，劝帝亲制仪文，始建道场设祭事，舍金山寺，兹教法行于诸处所，致有干戈是匿不传。至唐英公禅师，异人告指仪文，求度群迷，于义济躬阐鸿教，然后布行天下。太宗为经战阵之所立寺，荐救阵亡之士。何况此邦乃平昔用武争战之地，暴骨郊原，沉魂滞魄之幽，泉壤无所凭依，男观女睹，嗟泪重弹，岂不伤哉？极感厚人，矜悯一方，相纤命工图像，凡绘水陆一会，故以斯缘留意资拔，极乐弥陀，一念洪（宏）明（名），各灭罪恒沙……”碑阴刻文：“……御前承应画匠王逵……时正隆三年（1158）戊寅岁四月十五日建讫。”

3. 建筑界画及《佛传》《佛本生经变》《鬼子母经变》壁画

繁峙县岩山寺文殊殿（南殿），现存金大定七年（1167）宫廷画师王逵所绘壁画一堂。此堂壁画，将《佛本生经变》《佛传》《鬼子母经变》《观音经变》等人物、故事、情节、场景，穿插于界画方式绘制的城池、宫殿、楼台、庙宇、店肆等大量建筑中，图形写实，描绘精细，是后人了解宋、金建筑的珍贵图像资料。此堂壁画，除绘有佛本生、佛传所涉及佛、菩萨等佛教故事人物外，还绘制有大量世俗人物及相应情节、场景，从帝王将相、达官巨贾，到市井平民、农夫商贩、仆役工匠、僧尼信众等，几乎无所不包，是后人了解宋、金社会的重要资料。此堂壁画，除在建筑物绘制上采用界画手法外，还于人物、场景刻画上，使用了卷轴工笔画法，刻画精细入微，在宋金绘画史上占有重要地位。殿内西壁壁画墨书题记：“大定七年（1167）前□□二十八日画了，灵岩院□□画匠王逵，年陆拾捌岁。”

4.《诸佛图》壁画

五台山佛光寺东大殿佛坛扇面墙后壁，有两处白灰脱落，露出两块白画诸佛图。诸佛皆圆形头光，面相鼓圆，额顶髻珠，螺发于髻珠前后分作三绺，项上“三道”明显，上身袒露，袈裟敷搭，手印不一，或作说法印，或施无畏印等，有些佛胸前还有卍字图案，且皆为白画，尚未施色。此两处诸佛图，金、元时代特征较为明显。

此殿两山及后檐墙栱眼内壁外，现遗存有明代所置象征五台山形胜的悬塑，其后或仍遗存有金、元等际绘制的栱眼壁画。

南禅寺大佛殿曾遗存有元代所绘《地狱变》壁画一堂，施色及样式元代特征明显。20世纪维修此殿时，已将此堂壁画的残块移置寺内其他殿宇存放。

（四）明、清

有明一代，五台山佛教寺院较宋、金、元时期有所增加。据明镇澄记载，当时五台山台内寺院有六十八座，台外寺院有三十六座，共计一百零四座。明镇澄《清凉山志》卷二《伽蓝胜概》："历代以来，诸刹废兴，沿革数目，难以悉记，今略录显著者于左云耳：台内佛刹，凡六十八……台外佛刹，凡三十六。"

有清一代，五台山寺院曾达到一百二十二座，其中汉传佛教寺院九十七座，藏传佛教寺院二十五座。但因殿宇修葺、墙垣倾圮重砌等原因，五台山明、清寺院中的许多重要壁画今亦不存，故亦只能依据碑记、山志等文字记载及现有遗存作简要勾勒。

1.《万菩萨》壁画

"万菩萨"为五台山历代寺院绘塑重要题材。《华严经》之《菩萨住处品》："东北方有菩萨住处，名清凉山。过去有菩萨常于中住。彼现有菩萨，名文殊师利，有一万菩萨眷属，常为说法……"日僧圆仁曾记唐代五台山寺院塑绘万菩萨图像。《入唐求法巡礼行记》卷二："……竹林寺斋礼佛式：……同礼尺（释）迦牟尼佛、弥勒尊佛、文殊师利菩萨、大圣普贤菩萨，一万菩萨……"五代佚名《往五台山行记》，记载五代之际有关情况："……又到佛光寺……兼有大佛殿七间，中间三尊，两面文殊、普贤菩萨。弥勒阁三层七间，七十二贤，万菩萨，十六罗汉……"日僧成寻亦记宋代五台山有万菩萨塑绘。《参天台五台山记》："……参太平兴国寺，中台半腹也，去真容殿五里。先礼文殊阁丈六像，次礼浑金经藏；次登上殿，礼一万菩萨……"

明宣德年间，曾在五台山佛光寺东大殿绘制三千诸佛与一万菩萨构成的壁画一堂，其人物、情节、场面等，应颇为宏大壮观。可惜此堂壁画后因墙体倒塌，早已毁而不存。《重修佛光寺补塑罗汉之碑》："……后至宣德年间，有师祖上本下随，雅号照庵，乃山东蓟州玉田之望族，策杖来游五台。至此佛光，睹斯广殿重阁，圣像巍峨，大殿赤壁之间上下皆空，喜而虽（随）止，壁画三千诸佛、一万菩萨，塑彩五百罗汉，宏钟大鼓，丛林之大兴也。……至今年深，深墙颓毁，罗汉残缺。有本寺录上人，号曰敬堂……叹而言曰：前人心力，莫负于此。敦请本邑泉岩乡南禅□本公，号曰无生，二上人冲寒冒暑，舍逸趋劳，募化十方之珍材，成就丛林之胜事。兴工于丁巳之年，落成于戊午之岁，罗汉墙壁，焕然亦新……”上述碑记中的丁巳为明正统二年（1437），戊午为明正统三年（1438）。据此，明正统初年，东大殿等处墙壁坍圮，殿内壁画尽毁，两山及后墙处罗汉塑像亦有损毁，故在正统二年至三年又重砌墙壁，补塑罗汉像，但并未重绘殿内壁画。

2.《水陆》壁画

繁峙县公主寺现存明弘治十六年(1503)所绘《水陆》壁画一堂，所绘四百八十余身人物，分“正位神祇”“天仙”“下界神祇”“冥府神祇”“往古人物”“孤魂”等几大部分，个性鲜明，声情并茂，面相及衣饰明代特征明显。施线以兰叶描为主，铁线描及钉头鼠尾描为辅，用色则以朱、黄为主，青、绿、赭、绛等色次之。题材内容与明初太原刊印的《天地冥阳水陆修文》大致吻合。整堂壁画，无论艺术水准还是题材内容，均属有明一代“北水陆”壁画之典范精品。

3.《五百罗汉》壁画

五台山佛光寺文殊殿遗存有明宣德四年（1429）所绘《五百罗汉》题材壁画一堂。此堂壁画，用工笔淡彩手法，线条流畅，刻画精细。现有二百余身罗汉，面相、衣饰、持物、神情、姿态等，均不雷同，个性鲜明，栩栩如生，为明代罗汉题材壁画中的精品佳作。《五台山大佛光寺铸钟叙记》：“京都顺天府苏州盘山北少林寺住持……于宣德四年六月内，游礼五台山清凉境界……于正殿并文殊殿内，发心塑造罗汉五百尊……”

4.《诸菩萨众》壁画

五台山佛光寺东大殿栱眼壁，遗存有明代所绘《诸菩萨众》六幅，皆体态丰满，圆形头光，髻发簪花，上身着大袖长衫，外面敷裹袈裟，下着长裙，跣足，立于黄红交织祥云之间。此《诸菩萨众》应属“菩萨忏”一类题材。唐良贲《仁王护国般若波罗蜜多经疏》卷下：“广作佛事者，化利事也。如《花严》说，谓此《菩萨忏》除重障，敬礼诸佛。”

5. 关公故事壁画

五台山塔院寺伽蓝殿及寿宁寺伽蓝殿，各绘一堂关公故事壁画，其中塔院寺伽蓝殿南北两山共绘关公故事五十八幅，寿宁寺东西两壁则绘共同题材故事七十二幅。其所依，基本出自《三国演义》小说、戏剧。从内容及画风看，两堂壁画应源于基本相同的粉本或画稿。此两堂壁画的人物、情节、场景，皆描绘细致、生动，故事性甚强，为明清之际五台山地区壁画遗存之精品。

明、清之际，出现了文学名著乃至民间传说故事融入佛教图像题材内容的现象，而于壁画、雕刻等制作中尤甚。此外，明清之际，佛教与传统儒、道两教乃至民间信仰，呈现出相互渗透融合之势，“武圣”关公亦被列入佛教护法之中。五台山塔院、寿宁等寺伽蓝殿所绘关公故事壁画，即上述渗透融合趋势的一种具体体现。

6.《佛传》壁画

五台山南山寺极乐寺大雄宝殿两山内壁上部，绘有《佛传》壁画五十八幅，画面人物众多，主次分明，且情节、场面复杂，较为生动完整地描绘了释迦牟尼诞生、出家、成道、说法、涅槃等一生关键情节。明代僧人编撰《释氏源流》，对明、清两代佛传壁画绘制的题材内容颇有影响，是此期同题材壁画绘制的重要依据。南山寺极乐寺此堂壁画与之对照，题材内容虽基本能“对号入座”，于其中找到对应出处，但整个画面“一事一画，四字一题”等谋篇布局格式，却与光绪十年（1884）至二十四年（1898）上海印行的《点石斋画报》基本相同。故此堂《佛传》壁画，应为清末民初大规模整葺南山寺时绘制，而非一些学者所认定的壁画为明代作品。

（五）民国

民国时期，五台山亦有寺院新建。据1956年调查，当时五台山共有寺院124处，其中青庙99处，黄庙25处。此期所创所葺所建寺院，亦多有壁画制作，如龙泉寺大雄宝殿之《佛传》壁画、文殊殿之《五百罗汉》壁画等，均为五台山地区民国年间壁画遗存之上乘作品。

《善财童子五十三参》壁画

五台山南山寺佑国寺雷音殿绘有《善财童子五十三参》壁画一堂，人物刻画细腻，声情并茂，情节场景逼真生动，线条丰富而流畅，色彩艳丽而不俗，尤其是所采用侧颜而正眼的面部形象刻画，明暗层次分明的色调晕染，近、中、远景结合的立体透视构图等表现方式，已将西方诸多绘画理念、方法及技巧借鉴并融于其中，表现出清末民初佛教壁画创作由中国本土传统向西方绘画借鉴学习，并开始向现代佛教壁画创作过渡的特点。

二、五台山佛教壁画遗产之特色

（一）五台山佛教壁画遗产的第一个特色，是兼有多个历史时期佛教壁画特色的荟萃性

五台山现存最早的壁画是佛光寺东大殿的唐代栱眼及佛座束腰处壁画，其创作时间可上溯至公元9世纪中叶。此后，经宋、金，历元、明、清，至民国，五台山所遗存的佛教壁画代代有存，不曾断代。如佛光寺东大殿栱眼间的宋代《千佛图》壁画，岩山寺文殊殿中的金代《佛传》《佛本生》及《鬼子母经变》壁画，佛光寺东大殿扇面墙后元代《白画诸佛》壁画，公主寺大雄宝殿明代《水陆》壁画，移至到其他殿宇中的南禅寺大佛殿《地狱变》壁画，塔院寺伽蓝殿及寿宁寺伽蓝殿清代关公故事壁画，清末民初南山寺极乐寺大雄宝殿《佛传》壁画，以及民国初年南山寺佑国寺雷音殿《善财童子五十三参》壁画，龙泉寺大雄宝殿《佛传》壁画等。在一个地区内，彙集如此众多历史时期所遗存壁画，这在全国为数并不太多。

（二）五台山佛教壁画遗产的第二个特色，是拥有多个历史时期珍稀佛教壁画的独特性

五台山佛光寺东大殿释迦牟尼须弥座后侧束腰处所绘《毗沙门天降魔护法图》及栱眼间所绘《西方净土变》《卷草图》壁画，为中原地区仅存的数幅唐代壁画，价值不言而喻。尤其是《毗沙门天降魔护法图》，其题材、画风接近唐代佛画名家吴道子之作，但吴道子的画作真迹早已湮没失传，《送子天王图》等亦为后世摹本。故佛光寺东大殿所遗存唐代壁画甚为珍贵。

岩山寺文殊殿壁画是世所公认的金代壁画的典范。此堂壁画的主要画家为“御前承应画匠”王逵，其壁画绘制技艺应代表金代最高水准。此堂壁画的特色及价值，主要在于：用极为细腻、写实的笔法，不仅生动、形象地描绘出了《佛传》《佛本生》《鬼子母经变》等故事中的诸多人物、情节和场景，还真实地再现了宋金时期世俗社会的芸芸众生图像，上至巍峨殿阙中的帝王嫔妃、王侯大臣，酒楼茶舍中的达官贵人、仆从侍女，下及山野乡村的农人牧女、樵夫渔翁，海洋、山路上的商贾船夫、游贩脚夫，街店庭院间的妇女幼童、

主人妻妾，乃至寺塔兰若中的僧侣，监狱牢屋中的囚徒等等，为后人留下了一份极为丰富、细致的宋金社会各色人等的形象资料。用极为细致、精确的工笔界画笔触，逼真地描绘了宋金时期的众多建筑，大有城池、宫城、城门、正殿、配殿、阙楼、挟屋、抱厦、行廊、斜廊、木塔、砖塔、木榭、酒楼、茶舍、农舍、店铺、寺院、桥梁、堤坝、磨房，小至庑殿顶、重檐歇山顶、单檐歇山顶、攒山顶、硬山顶、兽脊、鸱吻、斗栱、檐口、阑额、彩画、勾栏、月台、露台、门头、窗棂等等，无不具体描画，精细入微，是后人了解宋金建筑，尤其是都城建筑的珍贵形象资料。此堂壁画所绘人物采用细腻、写实的工笔画法，所绘建筑使用精致乃至精准的界画方式，使画面所绘人物及建筑都极为细致入微，形象逼真，跃然壁上，其手法及技艺在中国古代壁画中可谓别具特色，独树一帜。

公主寺大雄殿《水陆》壁画，以兰叶描为主，兼用铁线描和钉头鼠尾描，使整个线条描绘显得流畅、生动和富有节奏感、韵律感。同时，在人物的刻画上，更注重表现其所属的不同身份、地位、遭际和处境。此堂壁画所绘四百七十余身形象，绝大多数除衣着、饰物等有明显区别外，其相貌神情、形态亦有明显区别，个性化的身份地位、职业行业、境遇遭际、轨迹归宿及悲欢离合、喜怒哀乐，跃然壁上。此堂壁画在山西乃至全国明代《水陆》壁画中，堪称上乘佳作。

南山寺佑国寺雷音殿的《善财童子五十三参》壁画，则亦为清末民国初年壁画中的精品。此堂壁画绘制，在传统线描填色中明显吸收了西方壁画乃至古埃及壁画的某些构图法勾线、着色技术和方式，如每幅画面中人物之间的呼应关系，人物面部及衣饰明暗、立体等关系的色彩晕染，情节或场景中建筑、花草、林木等背景性景物衬托，以及“侧颜正眼”的面部描绘等，使此堂壁画在中外合璧的技法和形式中，更富形象感和场景感，也更为生动和更具感染力，代表着明清佛教壁画向民国壁画的过渡。

（三）五台山佛教壁画遗产的第三个特色，是与某些文殊信仰、故事传说相关题材内容的先创性和辐射性

五台山远在北朝之时，已是闻名遐迩的文殊道场和文殊信仰中心。到唐代，五台山作为文殊道场的所在及文殊信仰之中心，其地位和影响发展到了顶峰，不仅在中土首屈一指，举足轻重，而且已蜚声海外，四海景仰。

文殊信仰是大乘佛教的重要组成部分，其源头虽然出于印度佛教，但促进其发展的佛

教经典《华严经》的编纂却在西域于阗，而其信仰内容的逐渐丰富、充实及其地位、影响的不断提升，则主要在五台山。因此，五台山亦是文殊信仰相关“像教”的重要原创之地。如卢舍那佛与文殊、普贤组成的“华严三圣”造像，骑狮文殊造像，以及骑狮文殊与于阗王、善财童子组成的“文殊三尊”，“文殊三尊”再加上文殊圣化老人及佛陀波利组成的“文殊五尊”，五台山五座台顶分置的“五方文殊”等，其首创之地应均在五台山。

就目前所见遗存及资料，五台山作为古代佛教壁画先创之地和辐射之地的题材内容主要有：

唐龙朔年间由会赜等人奉敕绘制的《五台山图》，此图应为唐五代之际国内外僧侣、香客的广泛求取和摹画此题材内容图绘的最主要原创画本。

唐开元年间吴道子在五台山法华寺三门（山门）外所绘《五台山十寺血脉图》，此壁画亦应是唐五代之际外地僧侣、香客争相摹绘的画稿之一。

唐仪凤年间，佛陀波利至五台山受文殊圣化老人所嘱，回天竺取回《佛顶尊胜陀罗尼经》至中土后，再次返回五台山，并入金刚窟至今不出的故事，以及日僧圆仁在《入唐求法巡礼行记》中所记唐“会昌法难”前五台山竹林寺等处所绘佛陀波利与文殊圣化老人于五台山见面壁画，亦是唐五代以降此类题材内容壁画绘制的源头。

五台山金阁寺于唐永泰二年（766）由唐代宗李豫敕建，其寺内“壁檐椽柱无处不画”的《诸曼荼罗》图像，不仅直接取样于印度当时的密教中心那烂陀寺，并由那烂陀寺僧人亲自督造，而且也应是中原地区最早一批引入的印度密教造像样式图案，故中唐之际的五台山亦是中原甚至中土内印度密教造像（帕拉造像）再次传播、辐射的重要中心。

五台山佛教壁画作为原创地的影响力和辐射性，具有很强的时空跨越深广度。如会赜等所绘《五台山图》不仅迅速在京畿等中原地区，以及敦煌、吐蕃等西域地区“走红”，成为唐五代之际中土僧侣、香客等获取的图本或摹绘的样稿，同时也是唐宋乃至明清之际，海外入中土求法巡礼僧人求取的样本画稿。《古清凉传》卷下：“于是，清凉圣迹，益听京畿，文殊宝化，昭扬道路……广行三辅云。”《旧唐书》卷十七：“九月……甲子，吐蕃遣使求《五台山图》。”《入唐求法巡礼行记》卷三：“南天竺三藏法达，写取五台山诸灵化传碑等……头陀僧义圆见雇博士……画《五台山化现图》，拟传付日本。”《广清凉传》卷下：“释净业……至天会十一年（1133）……遂进《山门圣境图》并《五龙王图》。”

直到清道光年间，仍有五台山慈福寺僧人刻绘《五台山圣境全图》，全方位展现清代五台山地区汉藏寺院并存的壮观景象，以及五台山及周边地区的山川地貌、交通道路、朝山僧侣、过往商旅、善男信女，乃至店铺、作坊、民居等。此图绘制完成后，亦广为流传，其时还有印度僧人至五台山时，将此图取回印度，此图现在美国国会图书馆亦有收藏。

唐（618—907）

有唐一代，五台山佛教进入新的发展时期。最盛之际，“台内”“台外”寺院曾达到三百六十余座之多，华严、天台、唯识、净土、律宗、禅宗、密宗等诸宗竞秀，印度、日本、斯里兰卡、尼泊尔、朝鲜等国僧人纷纷前来求法巡礼，五台山已发展成为国内外著名佛教圣地。然而，唐会昌五年（845），唐武宗李炎发动“灭法”，五台山绝大部分寺院尽毁一旦，仅有偏于一隅的南禅寺得以幸存。唐大中二年（848），唐宣宗李忱再崇释教，五台山佛寺得以恢复重建。但由于木构建筑年深日久易于倒塌毁圮，且加之地震、水火、兵燹诸种灾变，唐大中年间以降五台山所恢复重建的佛教寺宇，今仅存佛光寺东大殿一座，且该殿山墙及后墙亦经后世数次重砌。因此，除佛光寺东大殿残存数幅唐代栱眼壁画外，五台山其它唐代壁画已毁而无存。

据有关史料记载，有唐一代五台山寺院壁画已毁而不存者主要有：吴道子于吴摩子寺所绘《五台山十寺血脉图》；竹林寺所绘《佛陀波利于五台山遇见文殊圣化老人影图》，保磨（应）镇国金阁寺所绘《千辐轮相佛足图》及《唐使臣由印度取佛足印回东土故事图》，金阁寺、竹林寺等殿宇中所绘《诸曼荼罗图》，大花严寺所绘《涅槃图》及《高僧影作图》；佛光寺等寺院所绘《国家功德七十二贤圣图》；以及在京畿、西域乃至日本等地广泛流传的《五台山图》等。

现在，五台山唐代壁画仅在佛光寺东大殿的栱眼处遗存数幅。一幅为《西方净土变》壁画。画面中央绘阿弥陀佛说法，左、右绘观音、大势至二菩萨听法，观音、大势至周围，又有多身胁侍、护法簇拥，天空中亦有诸佛、诸菩萨赶来听法，并有诸伎乐飞天飞翔环绕。一幅为《毗沙门天降魔护法图》壁画。画面之中毗沙门天手执宝剑，脚下地神托拥，毗沙门天右侧，绘一力土擒一猿状怪物及一半魔状人物，控一龙状怪兽，向毗沙门天走来。此壁画疑为《送子天王图》之一部分，其所依粉本或画稿，可能与吴道子的《送子天王图》有关。另外两幅为《卷草图》，色调以青绿为主，笔势行云流水，动感甚强，与敦煌唐窟同题材壁画的样式风格颇为接近。

佛光寺东大殿此数幅唐代壁画十分珍贵，是中原地区目前所知仅有的几幅唐代寺院壁画遗存。

《西方净土变》壁画局部·观音菩萨左侧胁侍菩萨（唐） 佛光寺 东大殿 栱眼壁画

《毗沙门天降魔护法图》壁画（唐）　佛光寺　东大殿　释迦牟尼佛须弥座束腰处壁画

《西方净土变》壁画（唐）　佛光寺　东大殿　拱眼壁画

《卷草图》壁画（唐）　佛光寺　东大殿　拱眼壁画

《毗沙门天降护法魔图》壁画局部 · 毗沙门天及吉祥天女（唐） 佛光寺 东大殿 释迦牟尼佛须弥座束腰处壁画

《毗沙门天降魔护法图》壁画局部·吉祥天女（唐） 佛光寺 东大殿 释迦牟尼佛须弥座束腰处壁画

《毗沙门天降魔护法图》壁画局部（唐）　佛光寺　东大殿　释迦牟尼佛须弥座束腰处壁画

《毗沙门天降魔护法图》壁画局部（唐）　佛光寺　东大殿　释迦牟尼佛须弥座束腰处壁画

《毗沙门天降魔护法图》壁画局部（唐）　佛光寺　东大殿　释迦牟尼佛须弥座束腰处壁画

《西方净土变》壁画局部·阿弥陀佛群组（唐）　佛光寺　东大殿　栱眼壁画

《西方净土变》壁画局部·阿弥陀佛（唐） 佛光寺 东大殿 栱眼壁画

《西方净土变》壁画局部·阿弥陀佛左侧胁侍菩萨及供养菩萨（唐） 佛光寺 东大殿 栱眼壁画

《西方净土变》壁画局部·阿弥陀佛左侧胁侍菩萨局部（唐）　佛光寺　东大殿　栱眼壁画

《西方净土变》壁画局部·阿弥陀佛右侧供养菩萨局部（唐）　佛光寺　东大殿　栱眼壁画

《西方净土变》壁画局部·观音菩萨群组（唐）　佛光寺　东大殿　栱眼壁画

《西方净土变》壁画局部·阿弥陀佛右侧观音菩萨（唐） 佛光寺 东大殿 拱眼壁画

《西方净土变》壁画局部·观音菩萨左侧胁侍菩萨（唐） 佛光寺 东大殿 栱眼壁画

《西方净土变》壁画局部·观音菩萨右侧护法（唐） 佛光寺 东大殿 栱眼壁画

《西方净土变》壁画局部·观音菩萨左侧胁侍菩萨（唐） 佛光寺 东大殿 栱眼壁画

《西方净土变》壁画局部·阿弥陀佛左侧大势至菩萨群组（唐） 佛光寺 东大殿 拱眼壁画

《西方净土变》壁画局部・大势至菩萨及左侧胁侍菩萨（唐）　佛光寺　东大殿　栱眼壁画

《西方净土变》壁画局部 · 大势至菩萨左侧胁侍菩萨（唐）　佛光寺　东大殿　栱眼壁画

《西方净土变》壁画局部·大势至菩萨右侧胁侍菩萨（唐） 佛光寺 东大殿 栱眼壁画

《西方净土变》壁画局部·大势至菩萨右侧胁侍菩萨（唐） 佛光寺 东大殿 栱眼壁画

《西方净土变》壁画局部·前来赴会的诸佛（唐） 佛光寺 东大殿 栱眼壁画

《西方净土变》壁画局部·前来赴会的地藏菩萨（唐） 佛光寺 东大殿 栱眼壁画

《西方净土变》壁画局部·前来赴会的飞天（唐） 佛光寺 东大殿 栱眼壁画

《西方净土变》壁画局部·供养人像（唐） 佛光寺 东大殿 栱眼壁画

《西方净土变》壁画局部・前来赴会的飞天（唐） 佛光寺 东大殿 栱眼壁画

《西方净土变》壁画局部・供养人像（唐） 佛光寺 东大殿 栱眼壁画

《西方净土变》壁画局部・沙弥像（唐）　佛光寺　东大殿　拱眼壁画

宋（960–1279）

入宋后，太宗赵炅、真宗赵恒、仁宗赵祯诸帝，均对五台山佛教大加护持。宋太宗即位当年，即敕免五台山寺院僧尼税赋。太平兴国五年（980），诏修五台山之真容、华严、寿宁、兴国、竹林、金阁、法华、秘密、灵境、大贤“十寺”。淳化二年（990），又敕五台山每年制度僧人五十名，其中二十名入真容院僧籍。宋真宗于宋景德四年（1007），敕建五台山真容院“奉真”大阁一座，并遣内臣诣山，设斋供养，此殿庄严崇奉，超越前代。约到宋仁宗在位的嘉祐年间，五台山有僧尼香火的寺院又恢复到六十七所。有宋一代，五台山地区华严、唯识、天台等诸宗竞秀。日僧成寻、寂昭、裔然等外国僧人，亦至五台山巡礼求法。五台山依然是中、外佛教僧尼向往的圣地和中心。

五台山宋代寺院壁画，因墙垣倒塌、殿宇重建等原因，绝大部分今已湮灭无存。五台山现存宋代寺院壁画，主要为佛光寺东大殿栱眼处遗存的两幅宋代“千佛图”壁画。此二幅壁画绘于佛光寺东大殿前槽明间和南次间的栱眼外侧壁面，每幅绘八个圆光，每一圆光内绘十身结跏趺坐佛像。每一圆光下侧，均有墨书题记，并用方框四周框起，方框内文字为每尊佛的佛号。所绘诸佛，皆螺发低平，嵌珠，上身着袈裟，袒露前胸，项上“三道”明显，但所结手印不一，或合掌，或说法，或施无畏，或施予愿。诸佛坐姿亦不一，或侧身而坐，或倾身而坐。画面施色，以青、绿为主色调。

此二幅壁画，宋代样式、色彩等总体面貌风格保存基本完好，颇为珍贵。

此宋代壁画，当心间一幅画有墨书题记，尽管多处字迹已残缺或不清，但“……（宣）和四年五月……”等纪年字样仍依稀可辨。

《千佛图》壁画（宋）　佛光寺　东大殿　栱眼壁画

《千佛图》壁画（宋）　佛光寺　东大殿　栱眼壁画

《千佛图》壁画局部（宋）　佛光寺　东大殿　栱眼壁画

《千佛图》壁画局部（宋）　佛光寺　东大殿　栱眼壁画

《千佛图》壁画局部（宋） 佛光寺 东大殿 栱眼壁画

《千佛图》壁画局部（宋）　佛光寺　东大殿　栱眼壁画

《千佛图》壁画局部（宋）　佛光寺　东大殿　栱眼壁画

《千佛图》壁画局部（宋） 佛光寺 东大殿 栱眼壁画

《千佛图》壁画局部（宋）　佛光寺　东大殿　栱眼壁画

金（1115–1234）

金代的朝廷及多位皇帝，亦对五台山佛教有所护持，如金天会十五年重建佛光寺文殊殿，金正隆三年重建繁峙县灵岩寺（岩山寺）正殿（水陆殿），金大定七年重建灵岩寺（岩山寺）文殊殿，金大定年间敕建万岁、平章、净名等寺院。

有金一代，五台山华严、密宗、禅宗、唯识仍较为兴盛，尤其是密宗，颇受金朝廷崇奉。此期，仍有苏陀室利、吽哈啰悉利等海外僧人至五台山巡礼求法。五台山仍是海内外华严、密宗的著名道场和圣地。

由于殿宇重建、墙垣倒圮、寺院湮灭等原因，五台山金代所绘寺院壁画大多数今亦毁而无存。据有关资料，属于五台山“台外”寺院的繁峙县“岩山寺（灵岩寺）”，在金正隆三年（1158），曾由宫廷画师王逵于寺内正殿绘制《水陆》壁画一堂，故当时此殿亦称“水陆殿”。但此殿已于清嘉庆年间因自然倒塌或人为拆迁而不存，故殿中壁画亦随之湮灭。

五台山现存金代壁画，除繁峙县岩山寺文殊殿一堂遗存较为完整外，佛光寺东大殿扇面墙背后及栱眼壁等处还有少数残存。

岩山寺文殊殿现所遗存有金代壁画，亦主要由金代“御前承应画师”王逵执笔绘制，为国内金代壁画遗产中的经典性、代表性作品，甚至有“金代《清明上河图》”之誉。此堂壁画主要特色和价值在于：一是宋、金都城建筑的写实再现。此堂壁画将《佛传》《鬼子母经变》等故事中的人物、情节、场面，穿插、安置于用“界画”方式绘制的大量宋、金建筑之中，笔法精致，比例精确，疏密得当，图像写实，真实地再现了宋、金之际的城池、宫殿、楼塔、店肆、庙宇、露台、钩栏，农舍、磨房、桥梁等众多建筑，是后人了解宋、金建筑的难得写实图像资料。二是宋、金社会各色人等的写真描绘。岩山寺文殊殿壁画除绘有《佛传》《鬼子母经变》等佛经故事所涉大量人物、场景和建筑外，还逼真地绘制刻画了宋、金世俗社会的众多人物和场景，从帝王嫔妃、王公大臣、僧侣信众，到市井平民、店肆仆役、车夫商贩、磨工牧农女乃至兵勇、罪犯，几乎三教九流，无所不包，人间烟火气息浓重，是后人全面了解宋、金社会的丰富图像资料。三是金、元工笔壁画的典范性作品。此堂壁画除使用“界画”方式绘制各种建筑外，还使用了类似宋、元卷轴工笔画的笔法，在疏密浓淡、疾徐顿挫中，对人物的体态衣饰、举止神情及相互关系、场面情节，进行了精细而准确刻画，与同一壁面中的界画建筑有异曲同工之妙。

《佛传》壁画局部（金）　岩山寺　文殊殿西壁

《佛传》壁画（金）　岩山寺　文殊殿西壁

《佛传》壁画（金）　岩山寺　文殊殿东壁

《佛传》壁画局部（金）　岩山寺　文殊殿西壁

《佛传》壁画局部·榜题为“此是护明菩萨夜深托生之处”“菩萨将内宫入夫夫人腹内之处”“此是五居轮寻觅太子不见之处”等（金） 岩山寺 文殊殿西壁

《佛传》壁画局部·榜题为“摩耶夫人攀无忧树降太子处”“周行七步三界称吾独尊之处”“此是鹿皮仙人铺发掩泥之处”等（金）　岩山寺　文殊殿西壁

《佛传》壁画局部 · 榜题为“释迦牟尼佛为梵王现（献）神变处”“此是优陀耶说佛神通广大处”“梵王集群臣朝觐诠名悉达处”等（金）　岩山寺　文殊殿西壁

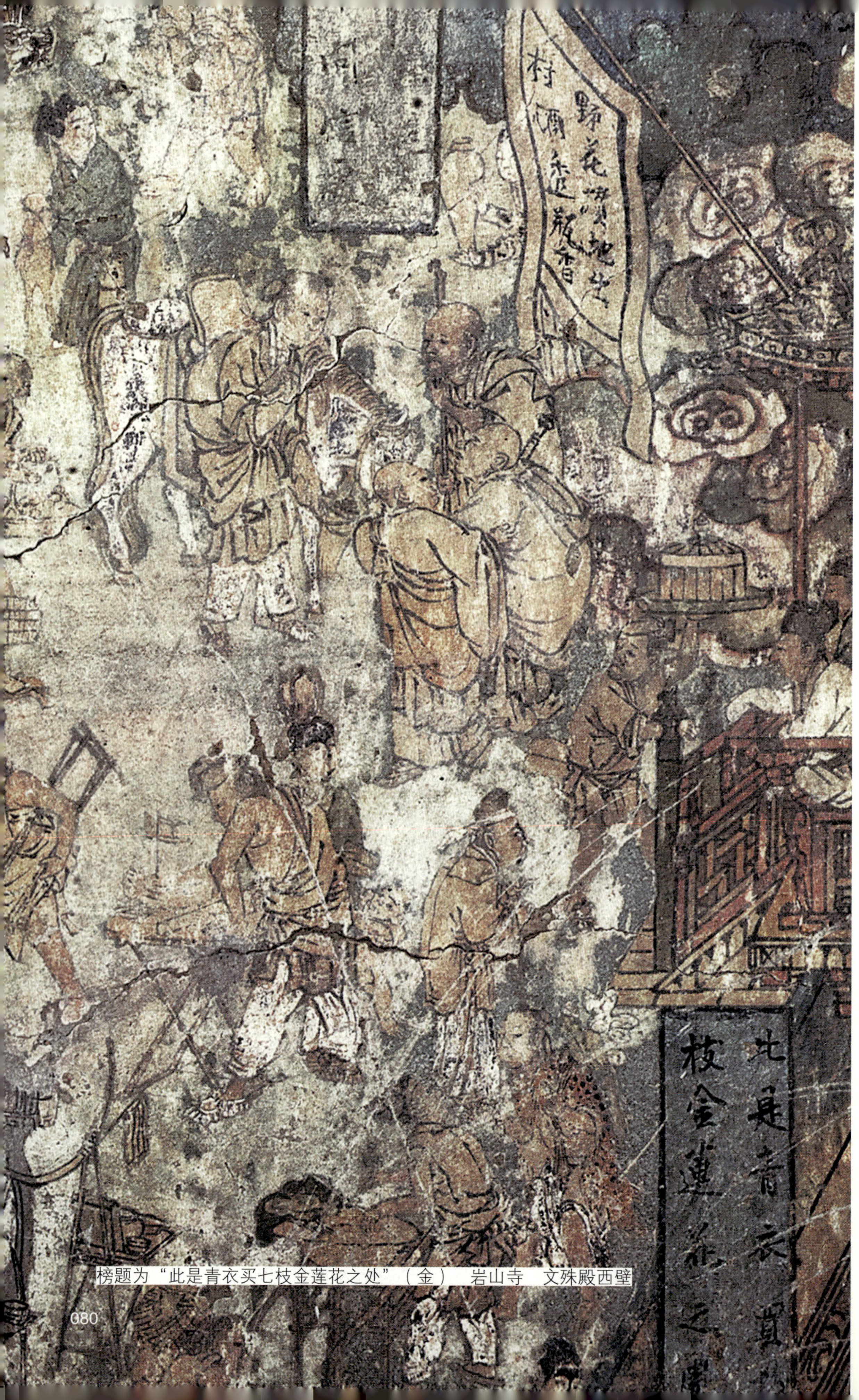

榜题为“此是青衣买七枝金莲花之处”（金） 岩山寺 文殊殿西壁

榜题为“此是青衣买七枝金莲花之处”局部（金）　岩山寺　文殊殿西壁

榜题为"此是二贫人野外扫道供佛之处"（金） 岩山寺 文殊殿西壁

榜题为『此是鹿皮仙人铺发掩泥之处』（金） 岩山寺 文殊殿西壁

榜题为“此是护明菩萨夜深托生之处”（金） 岩山寺 文殊殿西壁

榜题为“地神捧金盆九龙喷水沐浴处”局部（金）　岩山寺　文殊殿西壁

榜题为“此是生下太子掴鼓报喜之处”（金） 岩山寺 文殊殿西壁

榜题为“梵王集群臣朝覲诠名悉达处”（金） 岩山寺 文殊殿西壁

榜题为“摩耶夫人攀无忧树降太子处”（金）　岩山寺　文殊殿西壁

榜题为“周行七步三界称吾独尊之处”（金）　岩山寺　文殊殿西壁

榜题为“是□斯归筭罢□宝各十千处”（金） 岩山寺 文殊殿西壁

榜题为『此是太子对诸王掷象往空处』（金） 岩山寺 文殊殿西壁

榜题为“此是□门开四十里闻响之处”（金） 岩山寺 文殊殿西壁

榜题为“此是太子背射九重铁鼓之处”（金） 岩山寺 文殊殿西壁

榜题为“此是太子西门见死伤心之处”（金） 岩山寺 文殊殿西壁

榜题为“此是耶输夫人得信香一瓣处”（金）　岩山寺　文殊殿西壁

榜题为“此是魔王见宫人奏乐送听处”（金） 岩山寺 文殊殿西壁

榜题为『此是太子离宫寻见马迹之处』（金） 岩山寺 文殊殿西壁

榜题为“此是太子中年苦行修持之处”（金） 岩山寺 文殊殿西壁

榜题为“此是泥连河边沐浴成佛之处”（金） 岩山寺 文殊殿西壁

榜题为“此是四天王捧马足离宫之处”（金） 岩山寺 文殊殿西壁

榜题为“此是车□□太子回来问信处”（金） 岩山寺 文殊殿西壁

榜题为“此是牧牛女献乳太子之处”（金）　岩山寺　文殊殿西壁

榜题为“此是种种吉祥牛生麒麟之处”（金） 岩山寺 文殊殿西壁

榜题为“此是五君轮寻觅太子不见之处”（金） 岩山寺 文殊殿西壁

榜题为『此是优陀耶说佛神通广大处』（金） 岩山寺 文殊殿西壁

榜题为“此是优陀耶说佛神通广大处”局部（金）　岩山寺　文殊殿西壁

榜题为“释迦摩（牟）尼佛为梵王现神变处”（金） 岩山寺 文殊殿西壁

《佛传》壁画局部·榜题为"净梵（饭）王礼佛踊身虚空遮谛处""此是对诸国王等应难论之处""此是姨母现（献）佛金拦（襕）袈裟之处"（金）　岩山寺　文殊殿西壁

榜题为『此是姨母现（献）金拦（襴）袈裟之处』（金） 岩山寺 文殊殿西壁

榜题为“此是对诸国王等应难论之处”（金） 岩山寺 文殊殿西壁

榜题漫漶不清（金）　岩山寺　文殊殿西壁

榜题漫漶不清（金） 岩山寺 文殊殿西壁

榜题漫漶不清（金） 岩山寺 文殊殿西壁

宫殿建筑（金）　岩山寺　文殊殿西壁

宫城建筑（金） 岩山寺 文殊殿西壁

《本生经变》壁画局部（金） 岩山寺 文殊殿东壁

《本生经变》壁画局部（金）　岩山寺　文殊殿东壁

《本生经变》壁画局部（金） 岩山寺 文殊殿东壁

《本生经变》壁画局部（金）　岩山寺　文殊殿东壁

鬼子母宴饮图（金）　岩山寺　文殊殿东壁

鬼子母出行图（金）　岩山寺　文殊殿东壁

赶驴图（金）　岩山寺　文殊殿东壁

戏婴图（金） 岩山寺 文殊殿东壁

鬼子母揭钵救子图（金）　岩山寺　文殊殿东壁

上朝图（金） 岩山寺 文殊殿东壁

飞天图（金）　岩山寺　文殊殿东壁

放生图（金） 岩山寺 文殊殿东壁

天仙伎乐图（金） 岩山寺 文殊殿东壁

菩萨图（金） 岩山寺 文殊殿东壁

宫殿建筑群（金）　岩山寺　文殊殿东壁

北壁西梢间壁画（金）

《观音经变》壁画（金）　岩山寺　文殊殿北墙西梢间、西次间及北壁东梢间

北壁西梢间壁画局部（金）

北壁西次间壁画（金）

北壁东梢间壁画局部（金）

《观音经变》壁画局部（金） 岩山寺 文殊殿北壁西梢间

《观音经变》壁画局部（金）　岩山寺　文殊殿北壁西梢间

五百商人海上遇难图局部（金）　岩山寺　文殊殿北壁西梢间

海市蜃楼图（金）　岩山寺　文殊殿北墙西梢间

木塔图（金） 岩山寺 文殊殿北壁东梢间

白露屋图（金）　岩山寺　文殊殿北壁东梢间

影壁小院图（金） 岩山寺 文殊殿北壁东梢间

《观音经变》壁画局部（金） 岩山寺 文殊殿北壁西梢间

木塔图局部（金） 岩山寺 文殊殿北壁东梢间

木塔图局部（金） 岩山寺 文殊殿北壁东梢间

白画《诸佛图》壁画局部（金元）　佛光寺　东大殿　扇面墙后壁画

白画《诸佛图》壁画局部（金元）　佛光寺　东大殿　扇面墙后壁画

元（1260–1368）

元朝九帝之中，就有七位崇奉释教，对五台山佛教大加护持。元代诸帝于五台山重葺、重建和新建的寺院颇多，其较著名的有祐国、普宁、普恩、铁瓦、寿宁、金灯、望海、护国、温泉、清源、石塔、西寿宁等寺。此外有元一代，朝廷于五台山赐田开矿，为五台山佛教发展奠定坚实经济基础。元代五台山佛教显著特点，是藏传佛教的传入和发展。五台山于元代初步形成的汉藏佛教僧人、教派及寺院并存格局，为明、清之际五台山发展成为汉、藏兼融的佛教圣地奠定了基础。

五台山元代寺院壁画，绝大部分已湮灭无存，仅有南禅寺大佛殿元代所绘“地狱十王经变”壁画残块保留下来。在此残存壁画上，“弟（第）六变成王”“弟（第）八平等王”等榜题及其形象，手持禅杖的地藏菩萨，戴着枷锁、被捆绑在立柱之上遭受刑罚的罪犯恶人，驱赶、拷问沉沦地狱亡魂的牛头、马面，以及见佛闻法等劝善画面等尚可辨识。可以推测，整堂壁画原以青绿为主色调，画面中的殿堂亭阁等建筑多用“界画”方式绘制，十王所戴王冠及所系腰带等处多以贴金装饰，线条简洁而雅拙，人物、情节及场景形象逼真，应属五台山元代民间寺院壁画佳作之残存。

从此壁画所绘地藏菩萨等形象及场面、情节看，此堂壁画与敦煌唐末五代时所绘制的《地狱十王经变图》有某种联系。

《地狱十王经变》壁画局部·榜题为“弟（第）六变成王”“弟（第）八平等王”
（元）　南禅寺　大佛殿

《地狱十王经变》壁画局部·榜题为“十四者所坐之处见佛闻法”（元）　南禅寺　大佛殿

《地狱十王经变》壁画局部 · 榜题为“弟（第）六变成王”“弟（第）八平等王”（元）
南禅寺　大佛殿

《地狱十王经变》壁画局部·榜题为“弟（第）八平等王”（元） 南禅寺 大佛殿

《地狱十王经变》壁画局部（元） 南禅寺 大佛殿

《地狱十王经变》壁画局部（元） 南禅寺 大佛殿

《地狱十王经变》壁画局部·地藏菩萨及“界画”建筑（元） 南禅寺 大佛殿

《地狱十王经变》壁画局部·地藏菩萨（元） 南禅寺 大佛殿

《地狱十王经变》壁画局部（元）　南禅寺　大佛殿

明（1368—1644）

有明一代，五台山佛教再次出现高峰。到明万历二十四年（1596）之前，镇澄在其所撰《清凉山志》中所记载五台山寺院，又恢复到一百零四座，并初步形成了汉、藏传寺院及僧侣并存互融的格局。五台山明代寺院中，所绘壁画应当不少，但亦因殿宇修葺重建、墙垣倒塌再砌以及寺院毁坏圮败等原因，五台山不少明代壁画今亦毁而不存。

依碑刻、山志等记载，五台山明代绘制但今已湮没的壁画，主要有佛光寺东大殿于明宣德年间绘制的“三千诸佛”“一万菩萨”壁画一堂。此堂壁画人物、情节、场面等应当颇为宏大壮观，可惜后因墙体倒塌重砌，亦早已毁而无存。

五台山现存明代壁画，主要如下：

一是明代繁峙县公主寺现存明弘治十六年所绘“水陆壁画”一堂。此堂壁画所绘四百八十余身人物，绝大部分都个性鲜明，神情并茂，面相及衣饰明代特征明显。画面施线以兰叶描为主，铁线描及钉头鼠尾描为辅；施色则以朱、黄为主，青、绿、赭、绛等色次之；题材内容，与明初太原刊印的《天地冥阳水陆仪文》大致吻合。整堂壁画，无论艺术水准，还是题材内容，均堪称有明一代“北水陆”壁画之经典作品。

二是五台山佛光寺文殊殿所遗存明宣德四年绘制的“五百罗汉壁画”一堂。此堂壁画，采用工笔淡彩手法，线条流畅，刻画精细。现存二百余身罗汉，面相、衣饰、持物、神情、姿态等，均不雷同，个性鲜明，栩栩如生，为明代罗汉题材壁画中的精品。

三是五台山佛光寺东大殿栱眼壁，遗存有明代所绘“诸菩萨众人”壁画多幅，皆体态丰满，圆形头光，髻发簪花，上身着大袖长衫，外面敷裹袈裟，下着长裙，跣足，立于黄红交织祥云之间，明代菩萨衣饰、持物及构图、着色等特征明显。

《诸菩萨众》壁画局部（明）　佛光寺　东大殿　栱眼壁画

《诸菩萨众》壁画（明）　佛光寺　东大殿栱眼壁画

《诸菩萨众》壁画局部（明）　佛光寺　东大殿　栱眼壁画

《诸菩萨众》壁画局部（明） 佛光寺 东大殿 栱眼壁画

《诸菩萨众》壁画局部（明） 佛光寺 东大殿 拱眼壁画

《五百罗汉》壁画局部（明） 佛光寺 文殊殿

《五百罗汉》壁画局部（明） 佛光寺 文殊殿

《五百罗汉》壁画局部（明） 佛光寺 文殊殿

《五百罗汉》壁画局部（明）　佛光寺　文殊殿

《五百罗汉》壁画局部（明） 佛光寺 文殊殿

《五百罗汉》壁画局部（明） 佛光寺 文殊殿

《五百罗汉》壁画局部（明） 佛光寺 文殊殿

《五百罗汉》壁画局部（明） 佛光寺 文殊殿

《五百罗汉》壁画局部（明） 佛光寺 文殊殿

《五百罗汉》壁画局部（明） 佛光寺 文殊殿

《五百罗汉》壁画局部（明） 佛光寺 文殊殿

《五百罗汉》壁画局部（明） 佛光寺 文殊殿

《五百罗汉》壁画局部（明） 佛光寺 文殊殿

《五百罗汉》壁画局部（明）　佛光寺　文殊殿

《五百罗汉》壁画局部（明） 佛光寺 文殊殿

《五百罗汉》壁画局部（明）　佛光寺　文殊殿

五台山文化遗产档案丛书

五台山寺院壁画图汇

（下）

崔元和　编纂

山西出版传媒集团
三晋出版社

目　录

明（1368—1644）

清（1616—1911）

民国（1912—1949）

明（1368—1644）

《水陆》壁画（明）　公主寺　大雄殿西壁南侧

榜题为“六曹判官众”（明） 公主寺 大雄殿西壁

榜题为“大力鬼王众”（明） 公主寺 大雄殿西壁

榜题为“五通神众”（明） 公主寺 大雄殿西壁

榜题为“九曜星君众”（明）　公主寺　大雄殿西壁

榜题为“南斗中斗西斗星君众”（明） 公主寺 大雄殿西壁

榜题为“地官水官众”（明）　公主寺　大雄殿西壁

榜题为“天蓬大帅玄天上帝”（明） 公主寺 大雄殿西壁

榜题为“药王药上二菩萨”（明） 公主寺 大雄殿西壁

榜题为“天妃圣母”（明） 公主寺 大雄殿西壁

榜题为“金刚座神众”（明） 公主寺 大雄殿西壁

榜题为“后土圣母众”（明） 公主寺 大雄殿西壁

榜题为“北极紫微大帝”（明） 公主寺 大雄殿西壁

榜题为“北斗星君众”（明）　公主寺　大雄殿西壁

榜题为“五通神众”（明） 公主寺 大雄殿西壁

榜题为“毗迦女众”（明） 公主寺 大雄殿西壁

榜题为“十回向菩萨”（明） 公主寺 大雄殿西壁

《水陆》壁画（明） 公主寺 大雄殿东壁

榜题为“三灵侯圣众”（明） 公主寺 大雄殿东壁

榜题为“四海龙王众”（明） 公主寺 大雄殿东壁

大藥刹神衆
五瘟使者

榜题为“天仙神众”及塑绘题记（明）　公主寺　大雄殿东壁

榜题为“圹野大将军”（明） 公主寺 大雄殿东壁

榜题为“东岳南岳中岳并从眷等”（明）　公主寺　大雄殿东壁

榜题为“十地菩萨”（明）　公主寺　大雄殿东壁

榜题为“角亢底（氐）方（房）心尾期（箕）”（明） 公主寺 大雄殿东壁

榜题为“文殊菩萨”（明） 公主寺 大雄殿东壁

榜题为“日宫天子”（明）　公主寺　大雄殿东壁

榜题为“观音菩萨”（明）　公主寺　大雄殿东壁

榜题为“金刚座神”（明）　公主寺　大雄殿东壁

榜题为『南无卢舍那佛』（明） 公主寺 大雄殿东壁

榜题为“大梵天主”（明） 公主寺 大雄殿东壁

榜题为“大梵天眷属”（明）　公主寺　大雄殿东壁

榜题为“帝释天主”（明）公主寺　大雄殿东壁

榜题为“东方青南方赤中方黄帝众”（明） 公主寺 大雄殿东壁

榜题为“护斋护戒护法之神”（明）　公主寺　大雄殿东壁

榜题为“雷电风伯众”（明） 公主寺 大雄殿东壁

榜题为“四直使者”（明） 公主寺 大雄殿东壁

往古孝子賢孫衆
往古貞烈女衆
往古忠臣烈使衆

《水陆》壁画（明）　公主寺　大雄殿南壁西次间

榜题为『往古儒流众』（明） 公主寺 大雄殿南壁

榜题为“往古妃后众”（明）　公主寺　大雄殿南壁

榜题为“往古真（贞）列（烈）女众”（明）　公主寺　大雄殿南壁

榜题为“引路王菩萨”（明） 公主寺 大雄殿南壁

榜题为“甘露军吒利明王阿弥陀佛”（明） 公主寺 大雄殿北壁

清（1616—1911）

清朝诸帝出于怀柔和团结蒙、藏、汉等诸民族需要，对五台山佛教护持有加。有清一代的五台山，在藏传佛教大为发展的同时，汉传佛教的禅宗、律宗、华严宗、净土宗、密宗等宗派也基本保持兴盛香火。清代旺盛之际，五台山寺院共有一百二十二处，其中汉传佛教寺院九十七处，藏传佛教寺院二十五处。

五台山现存清代壁画颇多，代表性遗存有塔院寺、寿宁寺的关公故事壁画，以及南山寺的《佛传》壁画等。

五台山塔院寺伽蓝殿南北山墙内壁绘有关公故事壁画一堂。此堂壁画人物、情节、场景描绘精细，施色以蓝、绿为主，间以橘红、靛蓝等色，主要故事人物的冠带、兵器等处用沥粉堆金加以强调突出。故事之间，上下用云气相隔，左右则多以山石、树木分开。其故事所本，以《三国演义》为依据，与《三国志》出入颇大。榜题以四字一题为主，但亦有五字、六字、七字、八字为一题者。此堂壁画绘制于清康熙年间，为清前期五台山地区壁画珍贵遗存之一，亦是明、清之际释、道、儒三教乃至民间信仰相互融合，以及佛教像教愈发本土化的实物见证。

寿宁寺伽蓝殿东、西两山内壁亦遗存有清代乾隆年间所绘关公故事壁画一堂。此堂壁画所绘众多故事，多以山峦、河流、建造等“通景”为背景。每个故事画面之间，上、下以流动云气隔开。左、右则以山峦、河流、建造等山石树木相隔。整堂壁画，刻画细腻，情节生动，场面逼真，主要人物、场景描绘形神并茂，栩栩如生。施色以浅绿、淡蓝、浅灰和白色为主要基调，线条细致、流畅。整个画面给人以如见其人、如临其境之感。其所依粉本或画稿，应与塔院寺伽蓝殿同题材壁画基本相同。

南山寺极乐寺大雄宝殿两侧山墙上部，遗存有清末所绘《佛传》壁画一堂。此堂壁画，应当是借鉴明、清之际《佛传》故事常见粉本或画稿绘制。此堂壁画采用“一事一画，四字一题”的谋篇布局方式，每一单独故事，均用连草或卷云状花纹切割成大小一致的方形画面，故此堂壁画应为模仿或借鉴清光绪十年（1884）创刊而在光绪二十四年（1898）停刊的《点石斋画报》谋篇布局方式绘制，其绘制时间最早在也在清代光绪年间。

榜题为“大战夏侯惇”（清） 塔院寺 伽蓝殿北壁

大宴關公
曹贈袍印

关公故事壁画（清） 塔院寺 伽蓝殿南壁

榜题为『桃园结义』（清） 塔院寺 伽蓝殿南壁

榜题为『苏张进马』（清） 塔院寺 伽蓝殿南壁

榜题为『造置刀剑』（清末） 塔院寺 伽蓝殿南壁

榜题为『大破黄巾』（清） 塔院寺 伽蓝殿南壁

榜题为“三战吕布”（清） 塔院寺 伽蓝殿南壁

榜题为『刀劈远志』（清） 塔院寺 伽蓝殿南壁

榜题为『议允三事』（清） 塔院寺 伽蓝殿南壁

榜题为『许田射猎』（清） 塔院寺 伽蓝殿南壁

榜题为『曹进美女』（清） 塔院寺 伽蓝殿南壁

榜题为『曹托付金』（清）　塔院寺　伽蓝殿南壁

榜题为『请给付银』（清）　塔院寺　伽蓝殿南壁

榜题为“曹□视袍”（清） 塔院寺 伽蓝殿南壁

刮骨療毒
義釋黃忠
叱退諸葛瑾
單刀赴會
西川託夢
威震華夏
勅封大帝
大顯威德

关公故事壁画（清） 塔院寺 伽蓝殿北壁

榜题为"三顾茅庐"（清） 塔院寺 伽蓝殿北壁

榜题为『刮骨疗毒』（清） 塔院寺 伽蓝殿北壁

关公故事壁画（清）　寿宁寺　伽蓝殿东壁

榜题为“桃园结义”（清） 寿宁寺 伽蓝殿东壁

榜题为“苏张进马”（清）　寿宁寺　伽蓝殿东壁

平原上往

榜题为“平原上任”（清） 寿宁寺 伽蓝殿东壁

三戰呂布

榜题为“三战吕布”（清）　寿宁寺　伽蓝殿东壁

关公故事壁画（清） 寿宁寺 伽蓝殿西壁

榜题为“徐庶走马荐诸葛”（清） 寿宁寺 伽蓝殿西壁

榜题为“三请诸葛”（清）　寿宁寺　伽蓝殿西壁

榜题为“大战庞德”（清） 寿宁寺 伽蓝殿西壁

榜题为“水淹七军”（清）　寿宁寺　伽蓝殿西壁

榜题为『布发掩泥』（清末） 南山寺 极乐寺大雄宝殿左壁

榜题为『上托兜率』（清末） 南山寺 极乐寺大雄宝殿左壁

榜题为“家选饭王”（清末） 南山寺 极乐寺大雄宝殿左壁

榜题为“树下诞生”（清末） 南山寺 极乐寺大雄宝殿左壁

榜题为“仙人求度”（清末） 南山寺 极乐寺大雄宝殿左壁

榜题为『竹园精舍』（清末） 南山寺 极乐寺大雄宝殿左壁

榜题为『迦叶求度』（清末） 南山寺 极乐寺大雄宝殿左壁

榜题为“佛救婴儿”（清末） 南山寺 极乐寺大雄宝殿左壁

榜题为“牧女献糜”（清末） 南山寺 极乐寺大雄宝殿左壁

榜题为“度网鱼（渔）人”（清末）　南山寺　极乐寺大雄宝殿左壁

榜题为“天人献草”（清末） 南山寺 极乐寺大雄宝殿右壁

榜题为“游观农务”（清末） 南山寺 极乐寺大雄宝殿右壁

榜题为“讲演武艺”（民国） 南山寺 极乐寺大雄宝殿右壁

榜题为『育王起塔』（清末） 南山寺 极乐寺大雄宝殿右壁

榜题为『白狗吠佛』（清末） 南山寺 极乐寺大雄宝殿右壁

榜题为『度捕猎人』（清末） 南山寺 极乐寺大雄宝殿右壁

榜题为『采花献佛』（清末） 南山寺 极乐寺大雄宝殿右壁

榜题为“衣救龙难”（清末） 南山寺 极乐寺大雄宝殿右壁

榜题为『金刚请食』（清末民初） 南山寺 极乐寺大雄宝殿右壁

榜题为『玉耶受训』（清末民初） 南山寺 极乐寺大雄宝殿右壁

《诸佛图》壁画（清）　佛光寺　东大殿　栱眼壁画

《诸佛图》壁画局部（清）　佛光寺　东大殿　栱眼壁画

榜题为“佛化卢志”（清末） 南山寺 极乐寺大雄宝殿右壁

榜题为“姨母求度”（清末） 南山寺 极乐寺大雄宝殿右壁

仙人图（清末） 梵仙山 灵应寺正殿（大仙殿）

仙人图（清末）　梵仙山　灵应寺正殿（大仙殿）

仙人图（清末） 梵仙山 灵应寺正殿（大仙殿）

仙人图（清末） 梵仙山 灵应寺正殿（大仙殿）

仙人图（清末）　梵仙山　灵应寺正殿（大仙殿）

仙人图（清末） 梵仙山 灵应寺正殿（大仙殿）

仙人图（清末）　梵仙山　灵应寺正殿（大仙殿）

仙人图（清末） 梵仙山 灵应寺正殿（大仙殿）

仙人图（清末） 梵仙山 灵应寺正殿（大仙殿）

仙人图（清末）　梵仙山　灵应寺正殿（大仙殿）

仙人图（清末）　梵仙山　灵应寺正殿（大仙殿）

仙人图（清末）　梵仙山　灵应寺正殿（大仙殿）

仙人图（清末）　梵仙山　灵应寺正殿（大仙殿）

仙人图（清末）　梵仙山　灵应寺正殿（大仙殿）

仙人图（清末）　梵仙山　灵应寺正殿（大仙殿）

仙人图（清末） 梵仙山 灵应寺正殿（大仙殿）

民国（1912—1949）

清末至民国初年，在战乱频繁、社会动荡之中，因有普济和尚等高僧、檀越护持，五台山一些寺院、殿宇仍得到了修葺、重建乃至新建。到 1936 年，五台山保存寺院仍在一百处以上，如普化寺、龙泉寺、普胜寺等一些寺院，均为清末民初创建或重建。抗日战争期间，中国共产党领导的八路军，以五台山为中心建立晋察冀抗日根据地，并团结佛教信众，保护寺院和正常的佛教活动。故据 1956 年调查，五台山其时仍有寺院一百二十四处，其中青庙九十九处，黄庙二十五处。

清末至民国初年，五台山的一些寺院仍在绘制壁画。此期所绘壁画，除题材内容仍然基本延续前朝外，审美理念及绘画手法等已有所创新、突破，呈现出较明显的近现代特征。五台山现存民国壁画，主要如下：

南山寺佑国寺雷音殿《善财童子五十三参》壁画。此堂于民国年间绘制，画面主要位于南山寺佑国寺雷音殿两侧山墙及后檐墙内壁之上。但由于后世于壁画前塑置十二圆觉诸像，故一部分榜题及画面被遮。此堂壁画绘制，明显吸收了西方壁画绘制的某些构图、刻画、勾线、着色等技巧和方式。如古代埃及壁画“正眼侧脸”画法，人物面部、肢体及衣服饰物的色彩晕染，人物之间的呼应关系，建筑、花草、树木等场景描绘以及场面烘托效果等，使此堂壁画在中西技法、形式的合璧中，更具形象感和场景感，亦颇具有从清末壁画向民国壁画过渡之特色。

龙泉寺大雄宝殿《佛传》壁画。龙泉寺大雄宝殿东、西两山内壁，遗存有绘有民国初年的“佛传故事”壁画一堂。此堂壁画无榜题，每个故事的画面亦不切割分开，而是穿插于整个壁画的山峦原野构成的“通景”之中。此堂壁画所绘《佛传》并不多。画面以浅土黄色为主基调，间以橘红、靛蓝、浅灰诸色，线条简洁明快，人物及山峦、树木等，均采用勾线与晕染相结合的方式予以表现。整个画面布局及描绘，均显得极其平淡、疏朗、朴实和亲切，民国风格浓郁。画面中，一些人物亦描绘为“侧颜正眼”，显然亦借鉴吸收了古代埃及壁画等某些表现方式。

龙泉寺文殊殿《五百罗汉》壁画。龙泉寺文殊殿左、右山墙内壁，遗存有民国初年所绘《五百罗汉》壁画一堂。所绘罗汉，或读经，或论道，或坐禅，或沉思，或祈祷，或喜悦，或默然，或执扇，或持杯，神情、姿态、持物、衣饰等亦各不相同。众多罗汉或立或坐于山崖洞窟、殿堂亭台之中，或漂流于山崖下的激流之中。此堂壁画整体上以黑色洞窟、靛蓝色及石青山崖、白色及浅蓝溪流为基调，间以诸罗汉容颜肢体、服饰、持物等上所施浅灰、浅蓝等色，线条简洁凝练，人物刻形精细，容貌、身势、衣着、持物等个性鲜明，与明、清画风截然不同。整堂壁画有类似套色版画等独特效果。此外，诸罗汉虽有尊号题款，但却不采用长方形线框将文字围起来的传统方式，而是将每一罗汉的尊号直接题写于所对应罗汉侧面。这些，均反映了民国壁画的变革性和多样性。

《善财童子五十三参》壁画局部·善财童子（民国）　南山寺　佑国寺雷音殿

《善财童子五十三参》壁画局部（民国）

《善财童子五十三参》壁画局部（民国）　南山寺　佑国寺雷音殿西壁

榜题为“第二□海门国参海云比丘”（民国）　南山寺　佑国寺雷音殿

榜题为“第三楞伽道海岸参善住比丘”（民国）　南山寺　佑国寺雷音殿

榜题为“第七普庄严园参休舍优婆夷”（民国）　南山寺　佑国寺雷音殿

弟四達里鼻荼國城荼弥伽人
第十一三眼國荼

榜题为“第四达里鼻荼国城参弥伽人”（民国） 南山寺 佑国寺雷音殿

榜题为“第五住林聚落参解脱长者”（民国） 南山寺 佑国寺雷音殿

榜题为“第六此阎浮提畔摩利迦罗参海幢比丘”（民国） 南山寺 佑国寺雷音殿

榜题为“第八海潮处那罗素国参毗目瞿沙仙人”（民国） 南山寺 佑国寺雷音殿

榜题为“第十师子奋讯城参慈行童女”（民国） 南山寺 佑国寺雷音殿

榜题为“第十师子奋讯城参慈行童女”局部（民国）　南山寺　佑国寺雷音殿

第十二名聞國於清渚上叅自在童子

榜题为“第十二名闻国于河渚上参自在（主）童子”（民国）　南山寺　佑国寺雷音殿

榜题为“第十二名闻国于河渚上参自在（主）童子”局部（民国）　南山寺　佑国寺雷音殿

榜题为“第十二名闻国于河渚上参自在（主）童子”局部（民国）　南山寺　佑国寺雷音殿

榜题为“第十三海住城中参具足优婆夷”（民国） 南山寺 佑国寺雷音殿

榜题为“第十三海住城中参具足优婆夷”局部（民国）　南山寺　佑国寺雷音殿

榜题为『第十三海住城中参具足优婆夷』局部（民国） 南山寺 佑国寺雷音殿

榜题为"第十四大兴城明智居士"（民国）　南山寺　佑国寺雷音殿

榜题为『第十四大兴城明智居士』局部（民国） 南山寺 佑国寺雷音殿

榜题为“第十六藤根国普门城参普眼长者”（民国） 南山寺 佑国寺雷音殿

榜题为“第十六藤根国普门城参普眼长者”局部（民国）　南山寺　佑国寺雷音殿

榜题为“第十七多罗幢城参无厌足王诏入宫”（民国） 南山寺 佑国寺雷音殿

榜题为“第十八妙光城参大光王”（民国）　南山寺　佑国寺雷音殿

榜题为"第十九安住王都参不动优婆夷"（民国） 南山寺 佑国寺雷音殿

榜题为『第十九安住王都参不动优婆夷』局部（民国） 南山寺 佑国寺雷音殿

榜题为“第二十都萨罗城中参遍行外道”（民国）　南山寺　佑国寺雷音殿

榜题为“第二十一广大国中参优钵罗华长者”（民国）　南山寺　佑国寺雷音殿

榜题为“第二十四输那国迦林城中参师子频申比丘”（民国） 南山寺 佑国寺雷音殿

榜题为『第二十四输那国迦林城中参师子频申比丘』局部（民国） 南山寺 佑国寺雷音殿

榜题为“第二十五险难国庄严城中参婆须蜜多女”（民国） 南山寺 佑国寺雷音殿

榜题为“第二十五险难国庄严城中参婆须蜜多女”局部（民国）　南山寺　佑国寺雷音殿

榜题为“第二十七洛迦山参观自在菩萨诸菩萨”局部（民国） 南山寺 佑国寺雷音殿

榜题为“第二十七洛迦山参观自在菩萨诸菩萨”局部（民国）　南山寺　佑国寺雷音殿

榜题为“第二十八即此空中参正趣菩萨”（民国） 南山寺 佑国寺雷音殿

榜题为"第二十八即此空中参正趣菩萨"局部（民国）　南山寺　佑国寺雷音殿

榜题为“第二十九堕罗钵底城参大天神四手取海水”局部（民国）　南山寺　佑国寺雷音殿

榜题为『第三十此摩竭提国菩提场中参安住地神』局部（民国） 南山寺 佑国寺雷音殿

榜题为“第三十此摩竭提国菩提场中参安住地神”局部（民国）　南山寺　佑国寺雷音殿

榜题为“第三十二此闫（阎）菩提场内参普德净光主夜神”（民国） 南山寺 佑国寺雷音殿

榜题为“第三十二此闫（阎）菩提场内参普德净光主夜神”局部（民国）　南山寺　佑国寺雷音殿

榜题为“第三十四此众会中参普救众生妙德主夜神”（民国）　南山寺　佑国寺雷音殿

榜题为『第三十四此众会中参普救众生妙德主夜神』局部（民国） 南山寺 佑国寺雷音殿

榜题为『第三十四此众会中参普救众生妙德主夜神』局部（民国） 南山寺 佑国寺雷音殿

榜题为“第三十五此菩提场中参寂静音海主夜神”（民国） 南山寺 佑国寺雷音殿

榜题为“第三十五此菩提场中参寂静音海主夜神”局部（民国）
南山寺　佑国寺雷音殿

榜题为“第三十五此菩提场中参寂静音海主夜神”局部（民国）　南山寺　佑国寺雷音殿

榜题为『第三十五此菩提场中参寂静音海主夜神』局部（民国） 南山寺 佑国寺雷音殿

榜题为“第三十六此菩提场如来会中参守护城主夜神”（民国） 南山寺 佑国寺雷音殿

榜题为『第三十六此菩提场如来会中参守护城主夜神』局部（民国） 南山寺 佑国寺雷音殿

榜题为“第三十七此佛会中参开敷树华主夜神”局部（民国）　南山寺　佑国寺雷音殿

比羅城法界諸堂衆釋家瞿波女

榜题为“第四十此迦毗罗城法界讲堂参释众（迦）瞿波女”（民国） 南山寺 佑国寺雷音殿

榜题为『第四十此迦毗罗城法界讲堂参释众（迦）瞿波女』局部（民国） 南山寺 佑国寺雷音殿

榜题为“第四十此迦毗罗城法界讲堂参释众（迦）瞿波女”局部（民国）　南山寺　佑国寺雷音殿

《佛传》壁画局部（民国）　龙泉寺　大雄宝殿西壁

《佛传》壁画局部（民国）　龙泉寺　大雄宝殿东壁

领徒投佛局部（民国）　龙泉寺　大雄宝殿西壁

领徒投佛局部（民国）　龙泉寺　大雄宝殿西壁

调伏二仙、九龙灌浴（民国）　龙泉寺　大雄宝殿东壁

二商奉食（民国） 龙泉寺 大雄宝殿东壁

船师悔责（民国） 龙泉寺 大雄宝殿东壁

仙人求度（民国）　龙泉寺　大雄宝殿东壁

《五百罗汉》壁画（民国）　龙泉寺　文殊殿东壁

《五百罗汉》壁画局部（民国）　龙泉寺　文殊殿西壁

《五百罗汉》壁画局部（民国）　龙泉寺　文殊殿东壁

《五百罗汉》壁画局部（民国）　龙泉寺　文殊殿东壁

《五百罗汉》壁画局部（民国） 龙泉寺 文殊殿东壁

《五百罗汉》壁画局部（民国）　龙泉寺　文殊殿东壁

图书在版编目（CIP）数据

五台山寺院壁画图汇 / 崔元和编纂 . -- 太原 ： 三晋出版社，2019.9（2025.3 重印）

ISBN 978-7-5457-1946-8

Ⅰ . ①五… Ⅱ . ①崔… Ⅲ . ①五台山—寺庙壁画—图集 Ⅳ . ① K879.412

中国版本图书馆 CIP 数据核字（2019）第 289353 号

五台山寺院壁画图汇

编 纂 者： 崔元和
责任编辑： 张仲伟　郭亚林
封扉设计： 段宇杰
内文设计： 张家慧
责任印制： 李佳音

出 版 者： 山西出版传媒集团·三晋出版社
地　　址： 太原市建设南路 21 号
邮　　编： 030012
电　　话： 0351-4922268（发行中心）
0351-4956036（总编室）
0351-4922203（印制部）

经 销 者： 新华书店
承 印 者： 山西新华印业有限公司

开　　本： 889mm×1194mm　1/16
印　　张： 25
字　　数： 300 千字
版　　次： 2019 年 9 月　第 1 版
印　　次： 2025 年 3 月　第 2 次印刷
书　　号： ISBN　978-7-5457-1946-8
定　　价： 180.00 元（全二册）